少年读经典史籍

少年读三国志

李 楠 主编

民主与建设出版社
·北京·

图书在版编目（CIP）数据

少年读三国志 / 李楠主编 . -- 北京：民主与建设
出版社，2020.7

（少年读经典史籍；3）

ISBN 978-7-5139-3072-7

Ⅰ . ①少… Ⅱ . ①李… Ⅲ . ①中国历史－三国时代－
纪传体②《三国志》－少年读物 Ⅳ . ① K236.042-49

中国版本图书馆 CIP 数据核字（2020）第 102515 号

少年读三国志

SHAONIAN DU SANGUO ZHI

主　　编	李　楠	
责任编辑	刘树民	
总 策 划	李建华	
封面设计	黄　辉	
出版发行	民主与建设出版社有限责任公司	
电　　话	（010）59417747　59419778	
社　　址	北京市海淀区西三环中路 10 号望海楼 E 座 7 层	
邮　　编	100142	
印　　刷	三河市燕春印务有限公司	
版　　次	2020 年 8 月第 1 版	
印　　次	2020 年 8 月第 1 次印刷	
开　　本	850mm×1168mm　1/32	
印　　张	5 印张	
字　　数	128 千字	
书　　号	ISBN 978-7-5139-3072-7	
定　　价	198.00 元（全六册）	

注：如有印、装质量问题，请与出版社联系。

　　《三国志》是由西晋史学家陈寿所著，记载中国三国时代的断代史。

　　陈寿（233~297 年），字承祚，西晋巴西安汉（今四川南充北）人。他少好学，师事同郡学者谯周，在蜀汉时曾任卫将军主簿、东观秘书郎、观阁令史、散骑黄门侍郎等职。当时，宦官黄皓专权，大臣都曲意附从。陈寿因为不肯屈从黄皓，所以屡遭遣黜。入晋以后，历任著作郎、长平太守、治书侍御史等职。280 年，晋灭东吴，结束了分裂局面。陈寿当时四十八岁，开始撰写《三国志》。

　　全书一共六十五卷，《魏书》三十卷，《蜀书》十五卷，《吴书》二十卷。《三国志》名为志其实无志。魏志有本纪，列传，蜀、吴二志只有列传。陈寿是晋朝朝臣，晋承魏而得天下，所以《三国志》尊魏为正统。东晋则以刘备为正统。《三国志》为曹操、曹丕、曹睿分别写了武帝纪、文帝纪、明帝纪。而《蜀书》则记刘备、刘禅为先主传、后主传；记孙权称吴主传，记孙亮、孙休、孙皓为三嗣主传，均只有传，没有纪。

　　《三国志》行文简明、干净。它常用简洁的笔墨，写出传神的人物。《先主传》记曹操与刘备论英雄，当曹操说出"今天下英雄，唯使君与操耳。本初之徒不足数也"之时，"先主方食，失匕箸"的记载，使刘备紧张的心情，跃然纸上。

《周瑜鲁肃吕蒙传》记载的曹操听到刘备占据了荆州之时，"方作书，落笔于地"的情态，生动地烘托出刘备在曹操心目中和当时局势中的地位。书中写名士的风雅、谋士的方略、武将的威猛，大多着墨不多，却栩栩如生。

《三国志》与《史记》（司马迁）、《汉书》（班固）、《后汉书》（范晔、司马彪）并称前四史，被认为是史书的典范。

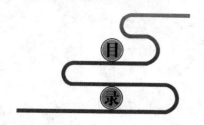

武帝纪

原 文

太祖武皇帝，沛国谯①人也，姓曹，讳操，字孟德，汉相国参之后。桓帝世，曹腾为中常侍大长秋，封费亭侯。养子嵩嗣，官至太尉，莫能审②其生出本末。嵩生太祖。

注 释

①谯（qiáo）：今安徽亳州市。

②审：仔细思考，反复分析、推究。

译 文

太祖武皇帝，沛国谯县人，姓曹，名操，字孟德，是汉朝相国曹参的后代。桓帝时候，曹腾为中常侍大长秋，被封为费亭侯。曹腾养子曹嵩继承他的爵位，官做到太尉，谁也说不清曹嵩原来的家世渊源。曹嵩生了个儿子，这就是魏太祖武皇帝曹操。

▲曹 嵩

原 文

太祖少机警，有权数①，而任侠放荡，不治行业，故世人未之奇也，惟梁国桥玄、南阳何颙异焉。玄谓太祖曰："天下将乱，非命世之

1

才不能济也，能安之者，其在君乎！"年二十，举孝廉，为郎，除洛阳北部尉，迁顿丘令，征拜议郎。光和末，黄巾起，拜骑都尉，讨颍川贼，迁为济南相。国有十余县，长吏多阿附②贵戚，赃污狼籍，于是奏免其八，禁断淫祀，奸宄逃窜，郡界肃然。久之，征还为东郡太守；不就，称疾归乡里。

注释

①权数：谓掌握权力的术数、要领。犹权术。
②阿附：逢迎依附。

译文

太祖小时候机警过人，有应变本领，但喜好打抱不平，行为不检点，不注意增进自己的操行、事业，所以当时人并没觉得他有什么奇特之处，只有梁国桥玄、南阳何颙认为他不是一般人。桥玄对太祖说："天下就要乱了，不是出色的政治家解决不了问题，能安定天下的，大概就是你了。"二十岁时，被推荐为孝廉，任命为郎官，转任洛阳北部尉，升为顿丘县令，又被征召入朝任议郎。光和末年，黄巾起事，太祖被任命为骑都尉，讨伐颍川盗贼，升任济南国相。济南国有十多个县，县的主官和属吏大多巴结讨好权贵外戚，贪赃受贿，胡作非为。于是太祖奏请罢免了八个官吏，禁绝不合礼制的祭祀活动，坏人逃奔境外，郡内社会秩序清平安定。过了很长时间，又被调回京城，改任东郡太守；他未去上任，借口有病，返回家乡。

原文

顷之①，冀州刺史王芬、南阳许攸、沛国周旌等连接豪杰，谋废灵帝，立合肥侯，以告太祖。太祖拒之，芬等遂败。

注释

①顷之：一会儿，不久，过些时候。

少年读三国志

译文

不久，冀州刺史王芬、南阳许攸、沛国周旌等联络地方豪强，策划废黜汉灵帝，立合肥侯为帝，把这个谋划通知了太祖。太祖拒绝参加，王芬等因而失败。

原文

金城边章、韩遂杀刺史郡守以叛，众十余万，天下骚动。征太祖为典军校尉。会灵帝崩，太子即位，太后临朝。大将军何进与袁绍谋诛宦官，太后不听。进乃召董卓，欲以胁①太后，卓未至而进见杀。卓到，废帝为弘农王而立献帝，京都大乱。卓表太祖为骁骑校尉，欲与计事。太祖乃变易姓名，间行东归。出关，过中牟，为亭长所疑，执诣县。邑中或窃②识之，为请得解。卓遂杀太后及弘农王。太祖至陈留，散家财，合义兵，将以诛卓。冬十二月，始起兵于己吾，是岁中平六年也。

注释

①胁：逼迫恐吓。
②窃：私自，暗中。

译文

金城边章、韩遂杀死刺史、郡守，发动叛乱，有兵十几万，天下骚动。朝廷征召太祖为典军校尉。这时正碰上灵帝去世，太子即位，太后临朝听政。大将军何进和袁绍谋划屠杀宦官，太后不同意。何进就召董卓进京，想借董卓兵力胁迫太后。董卓还没抵达京城，何进就被杀了。董卓到京城后，废黜皇帝为弘农王，另立献帝，京都大乱。董卓奏表请求任命太祖为骁骑校尉，想和太祖共商朝廷大事。太祖于是改名换姓，从小路东行回故乡。出了关，过中牟县，受到亭长怀疑，被逮捕押送到县城，中牟县有人偷偷认出了他，为他说好话，释放了他。这时董卓已经杀了太后和弘农王。太祖抵达陈留，拿出家产，募集义兵，准备讨伐董卓。冬十二月，在己吾县开始成立部队，这一年是中平六年。

初平元年春正月，后将军袁术、冀州牧韩馥、豫州刺史孔伷、兖州刺史刘岱、河内太守王匡、渤海太守袁绍、陈留太守张邈、东郡太守桥瑁、山阳太守袁遗、济北相鲍信同时俱起兵，众各数万，推^①绍为盟主。太祖行奋武将军。

注释

①推：举荐，推举。

译文

初平元年春正月，后将军袁术、冀州牧韩馥、豫州刺史孔伷、兖州刺史刘岱、河内太守王匡、渤海太守袁绍、陈留太守张邈、东郡太守桥瑁、山阳太守袁遗、济北相鲍信同时起兵，各有几万人军队，推袁绍为盟主。太祖代理奋武将军。

二月，卓闻兵起，乃徙天子都长安。卓留屯洛阳，遂焚宫室。是时绍屯河内^①，邈、岱、瑁、遗屯酸枣，术屯南阳，伷屯颍川，馥在邺。卓兵强，绍等莫敢先进。太祖曰："举义兵以诛暴乱，大众已合，诸君何疑？向使董卓闻山东^②兵起，倚王室之重，据二周之险，东向以临天下，虽以无道行之，犹足为患。今焚烧宫室，劫迁天子，海内震动，不知所归，此天亡之时也。一战而天下定矣，不可失也。"遂引兵西，将据成皋。邈遣将卫兹分兵随太祖，到荥阳汴水，遇卓将徐荣，与战不利，士卒死伤甚多。太祖为流矢所中，所乘马被创，从弟洪以马与太祖，得夜遁去。荣见太祖所将兵少，力战尽日，谓酸枣未易攻也，亦引兵还。

注 释

①河内：河内郡，是汉代名郡，位于今日河南北部一带。

②山东，指崤山以东。

译 文

二月，董卓听说袁绍等人起兵，就把天子迁到长安去住，自己留驻洛阳，接着烧毁了宫殿。这时袁绍驻扎河内，张邈、刘岱、桥瑁、袁遗驻扎酸枣，袁术驻扎南阳，孔伷驻扎颍川，韩馥驻扎邺县。董卓兵力强大，袁绍等人谁也不敢率先进击。太祖说："发动义兵，讨伐暴乱，大军已经会合，诸位还迟疑什么呢？假使董卓听说山东发动义兵，他就凭借王室的威势，紧守二周的险要，东向控制天下，虽然他是倒行逆施，那也还值得忧虑。现在他烧毁宫室强制迁徙天子，天下震动，不知道该投向何人，这是老天要他灭亡的时刻，一仗下来天下就安定了，机会不可放过啊！"接着领兵西进，打算去占领成皋。张邈派将军卫兹分领一些军队跟随太祖到荥阳汴水，遇到董卓将军徐荣，和徐荣交战失利了，士兵死伤很多。太祖被流矢射中，骑的马受了伤，堂弟曹洪把马给太祖，太祖才得以趁夜逃开。徐荣见太祖带兵虽然不多，却仍能拼命坚持一整天战斗，估计酸枣不易攻取，也就带兵回去了。

原 文

太祖到酸枣，诸军兵十余万，日置酒高会，不图进取。太祖责让①之，因为谋曰："诸君听吾计，使渤海引河内之众临孟津，酸枣诸将守成皋，据敖仓，塞镮辕②、太谷，全制其险；使袁将军率南阳之军军丹、析，入武关，以震三辅，皆高垒深壁勿与战，益为疑兵，示天下形势，以顺诛逆，可立定也。今兵以义动，持疑而不进，失天下之望，窃为诸君耻之！"邈等不能用。

注 释

①责让：斥责；谴责。

②轘辕（huán yuán）：古关名，在河南轘辕山。

译 文

太祖到酸枣，各路军马十多万人，天天酒席聚会，不考虑进取。太祖批评他们，并给他们出主意说："你们诸位接受我的建议，让渤海太守领河内兵据守孟津，酸枣的各位将军守住成皋，占有敖仓，堵住轘辕、太谷通道，全面控制住险要地势；让袁将军率领南阳军队驻扎丹、淅，攻进武关，威胁三辅；然后各军都高筑壁垒，不出战，多设疑兵，向天下表明讨伐董卓的强大优势。以正义之师，讨伐叛逆，胜利立即可得。现在为伸张正义而发动了军队，却又迟疑不进，让天下人失望，我暗暗为诸位感到羞耻。"张邈等不能采纳太祖的建议。

原 文

太祖兵少，乃与夏侯惇等诣扬州募兵，刺史陈温、丹阳太守周昕与兵四千余人。还到龙亢①，士卒多叛。至铚②、建平，复收兵得千余人，进屯河内。

刘岱与桥瑁相恶③，岱杀瑁，以王肱领东郡太守。

袁绍与韩馥谋立幽州牧刘虞为帝，太祖拒之。绍又尝得一玉印，于太祖坐中举向其肘。太祖由是笑而恶焉。

二年春，绍、馥遂立虞为帝，虞终不敢当。夏四月，卓还长安。秋七月，袁绍胁韩馥取冀州。

注 释

①龙亢：古地名，在今蚌埠市龙亢镇。

②铚（zhì）：古县名。在今安徽省濉溪县临涣镇。

③恶：厌恶，憎恶。

译 文

太祖兵少，于是和夏侯惇等到扬州去募兵，刺史陈温、丹扬太守周昕拨给他四千多兵。返回的途中在龙亢停歇时，许多兵士叛逃了。到铚县、建平县，又招募一千多士兵，进驻河内郡。

刘岱与桥瑁关系恶化，刘岱杀了桥瑁，以王肱代理东郡太守。

袁绍和韩馥策划拥立幽州牧刘虞为皇帝，太祖拒绝支持。袁绍又曾得到一颗玉印，和太祖共坐时，把玉印向太祖臂肘举去，让太祖看。太祖因此耻笑他、讨厌他了。

初平二年春，袁绍、韩馥终于拥立刘虞为皇帝，刘虞却到底也不敢接受。夏四月，董卓回长安。秋七月，袁绍胁迫韩馥攻取冀州。

原文

黑山贼于毒、白绕、眭固等十余万众略魏郡，东郡王肱不能御①。太祖引兵入东郡，击白绕于濮阳，破之。袁绍因表太祖为东郡太守，治东武阳。

三年春，太祖军顿丘②，毒等攻东武阳。太祖乃引兵西入山，攻毒等本屯。毒闻之，弃武阳还。太祖要击眭固，又击匈奴于夫罗于内黄③，皆大破之。

夏四月，司徒王允与吕布共杀卓。卓将李傕、郭汜等杀允攻布。布败，东出武关。傕等擅朝政。

注释

①御：抵御，抵抗。
②顿丘：今河南濮阳市清丰县。
③内黄：今河南省安阳市内黄县。

译文

黑山贼于毒、白绕、眭固等十多万人进占魏郡、东郡，王肱抵挡不住。太祖带兵进东郡，在濮阳进攻白绕，打败了他。袁绍因而表奏朝廷推荐太祖为东郡太守，郡治设在东武阳。

初平三年春，太祖驻扎顿丘，于毒等进攻东武阳。太祖带兵西行入山，进攻于毒等人的大本营。于毒听说了，放弃武阳回救。太祖在半路拦击眭固，又在内黄攻击匈奴于夫罗，全都把他们打得大败。

夏四月，司徒王允和吕布一起杀了董卓，董卓将军李傕、郭汜等杀了王允，进攻吕布。吕布失败，向东败出武关。李傕等把持了朝政。

原文

青州黄巾众百万入兖州，杀任城相郑遂，转入东平。刘岱欲击之，鲍信谏曰："今贼众百万，百姓皆震恐，士卒无斗志，不可敌也。观贼众群辈相随，军无辎重，唯以钞略①为资，今不若畜士众之力，先为固守。彼欲战不得，攻又不能，其势必离散。后选精锐，据其要害，击之可破也。"岱不从，遂与战，果为所杀。信乃与州吏万潜等至东郡迎太祖领兖州牧。遂进兵击黄巾于寿张东。信力战斗死，仅而破之。购求信丧②不得，众乃刻木如信形状，祭而哭焉。追黄巾至济北，乞降。冬，受降卒三十余万，男女百余万口，收其精锐者，号为青州兵。

注释

①钞略：即抄掠。

②丧（sāng）：人的尸体、骨殖。

译文

青州黄巾一百多万人涌进兖州，杀了任城国相郑遂，又转入东平境内。刘岱打算进攻黄巾军，鲍信劝阻说："现在贼寇多到一百万人，百姓都非常恐惧，士兵没有斗志，不能和他们硬抗啊。我看贼寇拖家带口，军队没有稳定供应，只靠临时抢夺，现在不如保存兵力，先做好防守。他想打没人和他打，想攻又攻不进，他们势必离散解体。然后我们选拔精锐部队，占据他们的要害一进攻，就可以取胜了。"刘岱不听，坚持出战，果然被黄巾军杀死。鲍信于是和兖州的属吏万潜等人到东郡迎接太祖来兼任兖州牧。接着太祖和鲍信等进兵，在寿张东攻击黄巾军。鲍信奋战而死，才勉强打败了黄巾军。悬赏也没找寻到鲍信尸体，大家就雕刻一尊鲍信木像，哭祭一番。大军追击黄巾军直到济北，黄巾军请求投降。冬天，接受黄巾军投降士兵三十多万人，随行家属一百多万，太祖收编其中精锐部份，号称青州兵。

原文

袁术与绍有隙①，术求援于公孙瓒。瓒使刘备屯高唐，单经屯平原，陶谦屯发干，以逼绍。太祖与绍会击②，皆破之。

注释

①隙：不和，矛盾。

②会击：合击。

译文

袁术和袁绍有矛盾，袁术向公孙瓒求援，公孙瓒派刘备驻扎高唐县，单经驻扎平原县，陶谦驻扎发干县，进逼袁绍。太祖和袁绍联合反击，把三支人马全都打败。

原文

四年春，军①鄄城。荆州牧刘表断术粮道。术引军入陈留，屯封丘，黑山余贼及于夫罗等佐之。术使将刘详屯匡亭。太祖击详，术救之，与战，大破之。术退保封丘，遂围之。未合，术走襄邑。追到太寿，决渠水灌城。走②宁陵，又追之，走九江。夏，太祖还军定陶。

注释

①军：驻军，驻扎。

②走：逃跑。

译文

初平四年春，太祖驻扎在鄄城。荆州牧刘表截断袁术粮道，袁术带兵进入陈留，驻扎在封丘，黑山残余盗贼以及于夫罗等帮助袁术。

袁术派将军刘详驻扎匡亭。太祖进攻刘详，袁术救刘详。太祖和袁术交战，大败袁术。袁术保封丘，太祖包围封丘，还未来得及合围，袁术又逃奔襄邑。太祖追到太寿，决开渠水灌城，袁术逃向宁陵。太祖又追他，他就逃奔九江。夏天，太祖回师驻扎定陶。

原　文

下邳阙宣聚众数千人，自称天子。徐州牧陶谦与共举兵，取泰山华、费，略①任城。秋，太祖征陶谦，下②十余城，谦守城不敢出。

是岁，孙策受袁术使渡江，数年间遂有江东。

注　释

①略：抢，掠夺。

②下：攻取，攻占。

译　文

下邳人阙宣聚兵几千人，自称天子，徐州牧陶谦和他共同发兵，夺取了泰山郡的华、费，攻占任城。秋天，太祖征讨陶谦，攻占十几座城。陶谦守徐州不敢出城。

这一年，孙策奉袁术命令渡江，几年之内，就占有了江东。

原　文

兴平元年春，太祖自徐州还。初，太祖父嵩，去官①后还谯，董卓之乱，避难琅邪，为陶谦所害，故太祖志在复仇东伐。夏，使荀彧、程昱守鄄城，复征陶谦。拔五城，遂略地至东海。还过郯，谦将曹豹与刘备屯郯东，要②太祖。太祖击破之，遂攻拔襄贲。所过多所残戮。

注　释

①去官：辞掉官职，离职。

②要：同"邀"，邀请。

兴平元年春天，太祖从徐州返回。当初，太祖父亲曹嵩卸任后回谯县，恰逢董卓之乱，在琅玡避难，被陶谦杀害，所以太祖一心想着复仇东伐。夏天，太祖派荀彧、程昱守鄄城，再一次征讨陶谦，攻占五座城，接着扩大占领地区直至东海。回师经过郯县，陶谦的将军曹豹和刘备在郯东驻扎，拦击太祖，太祖打败了他们，接着攻占襄贲。大军所过之处，都大加摧残。

原　文

会①张邈与陈宫叛迎吕布，郡县皆应。荀彧、程昱保鄄城，范、东阿二县固守，太祖乃引军还。布到，攻鄄城不能下，西屯濮阳。太祖曰："布一旦得一州，不能据东平，断亢父、泰山之道乘险要②我，而乃屯濮阳，吾知其无能为也。"遂进军攻之。布出兵战，先以骑犯青州兵，青州兵奔。太祖阵乱，驰突火出，坠马，烧左手掌。司马楼异扶太祖上马，遂引去，未至营止。诸将未与太祖相见，皆怖。太祖乃自力劳军，令军中促为攻具，进复攻之，与布相守百余日。蝗虫起，百姓大饿，布粮食亦尽。各引去。

注　释

①会：恰巧；适逢。
②要：要挟，威胁。

译　文

正在这时，张邈和陈宫反叛，去迎接吕布，许多郡县都起来响应。荀彧、程昱保卫鄄城，范、东阿两县坚守。太祖于是领兵回返。吕布到了，攻打鄄城没能攻下，向西转移，屯驻濮阳。太祖说："吕布一个早上就得到了一个州，但不能占据东平，切断亢父、泰山之间的通道，利用险要地形拦击我，却远远地屯驻到濮阳去，我知道他干不成什么大事了。"于是进兵攻打他。吕布出兵迎战，先用骑兵冲青州兵，青州兵溃逃。太祖见阵势变乱，冒火奔逃，从马上坠落，烧伤了右手掌。司马楼异扶太祖上马，于是撤退，还没到营地就停下来了。诸将没见着太祖，都恐慌了。太祖就强撑着身体慰劳军队，下令军中加紧准备攻击器具，把部队向前开进，再一次攻打吕布军队，和吕布相持了一百多天。蝗灾开始了，老百姓普遍挨饿，吕布军粮也用尽了。双方各自撤兵。

原文

秋九月，太祖还鄄城。布到乘氏，为其县人李进所破，东屯山阳。于是绍使人说①太祖，欲连和。太祖新失兖州，军食尽，将许之。程昱止太祖，太祖从之。冬十月，太祖至东阿。是岁，谷一斛②五十余万钱，人相食，乃罢吏兵新募者。陶谦死，刘备代之。

注释

①说：劝说。

②斛（hú）：中国旧量器名，亦是容量单位，一斛本为十斗，后来改为五斗。

译文

秋九月，太祖回到鄄城。吕布到乘氏，被乘氏县人李进打败，向东转移驻扎山阳。这时袁绍派人劝说太祖，想和太祖建立和好关系。太祖新失去兖州，军粮用尽了，打算答应袁绍要求。程昱劝阻太祖，太祖接受了程昱意见。冬十月，太祖到达东阿。这一年，谷子一斛五十多万钱，人饿得互相吃人，于是太祖解散新招募的官兵。陶谦死后，刘备接替了他。

原文

二年春，袭定陶。济阴太守吴资保南城，未拔①。会吕布至，又击破之。夏，布将薛兰、李封屯钜野，太祖攻之，布救兰，兰败，布走，遂斩兰等。布复从东缗②与陈宫将万余人来战。时太祖兵少，设伏，纵奇兵击，大破之。布夜走，太祖复攻，拔定陶，分兵平诸县。布东奔刘备，张邈从布，使其弟超将家属保雍丘。秋八月，围雍丘。冬十月，天子拜太祖兖州牧。十二月，雍丘溃，超自杀。夷邈三族。邈诣袁术请救，为其众所杀，兖州平。遂东略陈地。

是岁，长安乱，天子东迁，败于曹阳，渡河幸安邑。

注　释

①拔：夺取（军事上的据点），攻克。

②东缗：治今山东金乡县金乡镇。

译　文

兴平二年春，太祖袭击定陶。济阴太守吴资守卫南城，太祖没攻下来。正碰上吕布领兵来到，太祖又打败了吕布。夏，吕布手下的将军薛兰、李封驻屯钜野，太祖进攻他们，吕布来救薛兰。薛兰战败，吕布逃走了，于是杀了薛兰等人。吕布又和陈宫领兵一万多从东缗来交战。当时太祖兵少，布置了埋伏，出其不意，发动攻击，大败吕布，吕布连夜逃走。太祖再一次进攻，占领了定陶，分兵平定各县。吕布东逃投奔刘备，张邈跟从吕布，叫弟弟张超携带家属守卫雍丘。秋八月，太祖围雍丘。冬十月，天子任命太祖为兖州牧。十二月，雍丘城破，张超自杀。太祖杀尽张邈三族，张邈去找袁术求救，却被自己的部下杀死。兖州平定，太祖接着向东攻打陈地。

这一年，长安发生混乱，天子东迁。太祖在曹阳战败，渡河到达安邑。

原　文

建安元年春正月，太祖军临武平，袁术所置陈相袁嗣降。

太祖将迎天子，诸将或①疑，荀彧、程昱劝之，乃遣曹洪将兵西迎。卫将军董承与袁术将苌奴拒险，洪不得进。

注 释

①或：有的人。

译 文

建安元年春正月，太祖兵临武平，袁术任命的陈国国相袁嗣投降。

太祖将要去迎接天子，有的将军怀疑这个举动恰当与否，荀彧、程昱劝太祖迎接。太祖于是派遣曹洪带兵西去迎接。卫将军董承与袁术将军苌奴占据险要地势抗拒，曹洪无法前进。

原 文

汝南、颍川黄巾何仪、刘辟、黄邵、何曼等，众各数万，初应袁术，又附孙坚。二月，太祖进军讨破之，斩辟、邵等，仪及其众皆降。天子拜太祖建德将军。夏六月，迁镇东将军，封费亭侯。秋七月，杨奉、韩暹以天子还洛阳，奉别屯梁。太祖遂至洛阳，卫京都，暹遁走。天子假太祖节钺①，录尚书事。洛阳残破，董昭等劝太祖都许。九月，车驾出轘辕而东，以太祖为大将军，封武平侯。自天子西迁，朝廷日乱，至是，宗庙社稷②制度始立。

注 释

①假节钺：代表皇帝的出行。武将"假节钺（或假黄钺）"的话，他在战时状态就不必左请示、右汇报，可以直接斩杀自己军中触犯军令的将士。凡持节的使臣，就代表着皇帝亲临，象征皇帝与国家，可行使相应的权力。假，借。代表短期代理。节钺，符节与斧钺；古代授与官员或将帅，作为加重权力的标志。

②宗庙社稷（jì）：指封建统治者掌握的最高权力。宗庙指帝王或士大夫祭祖之处。社稷为祭土神及谷神之处，借指国家。

译 文

汝南、颍川黄巾军何仪、刘辟、黄邵、何曼等人，各有兵几万人，先响应袁术，后来又归附孙坚。二月，太祖进兵打败他们，杀了黄邵等人，刘辟、何仪和他们的部属全都投降。天子任命太祖为建德将军。夏六月，调任镇东将军，封费亭侯。秋七月，杨奉、韩暹带着天子回洛阳，杨奉另外在梁县驻扎。太祖接着到达洛阳，在京都设防，韩暹逃走。天子赐予太祖节钺，录尚书事。洛阳残破，董昭等劝太祖迁都到许县去，九月，皇帝出轘辕关东行到许县，以太祖为大将军，封武平侯。自从天子西迁，朝廷一天比一天混乱，直到这时，才把宗庙、社稷制度建立起来。

原 文

天子之东也，奉自梁欲要之，不及。冬十月，公征奉，奉南奔袁术，遂攻其梁屯，拔之。于是以袁绍为太尉，绍耻班①在公下，不肯受。公乃固辞，以大将军让②绍。天子拜公司空，行车骑将军。是岁用枣祗、韩浩等议，始兴屯田。

注 释

①班：特指朝班。指朝庭上臣下所站的队列。

②让：礼让。

译 文

天子东迁时，杨奉从梁县出发企图中途拦截，没来得及。冬十月，曹公征讨杨奉，杨奉南逃去投奔袁术，曹公就攻打杨奉的梁县营地，攻下来了。此时，朝廷以袁绍为太尉，袁绍耻于班次在曹公之下，不肯接受太尉职位，曹公就坚决辞职，把大将军的职位让给袁绍。天子任命曹公为司空，代理车骑将军。这一年，采纳枣祗、韩浩等人建议，开始兴办屯田。

原 文

吕布袭刘备，取下邳，备来奔。程昱说公①曰："观刘备有雄才而甚得众心，终不为人下，不如早图②之。"公曰："方今收英雄时也，杀一人而失天下之心，不可。"

注释

①公：指曹操。

②图：图谋。此处指杀掉的意思。

译文

吕布袭击刘备，攻占下邳，刘备来投奔曹公。程昱劝曹公说："我看刘备有雄才大略而又很得人心，终究是不会甘居人下的，不如趁早除掉。"曹公说："现在正是招收人才的时候，杀一个人而失掉天下人心，这办法不行。"

原文

张济自关中走南阳。济死，从子绣领其众。二年春正月，公到宛。张绣降，既而悔之，复反。公与战，军败，为流矢所中，长子昂、弟子安民遇害。公乃引兵还舞阴，绣将骑来钞①，公击破之。绣奔穰，与刘表合。公谓诸将曰："吾降张绣等，失不便取其质②，以至于此。吾知所以败。诸卿观之，自今已后不复败矣。"遂还许。

注释

①钞：同"抄"，掠取，抢掠。

②质：人质。

译文

张济从关中逃到南阳。张济死后，侄子张绣统领他的兵。建安二年春正月，曹公到宛，张绣投降，接着又后悔，又反叛了。曹公和他交战，失败了，被流矢射中，长子曹昂、侄子曹安民遇害。曹公于是带兵回到舞阴。张绣领骑兵来抢夺辎重，曹公打败了他，张绣逃奔穰县，和刘表会合。曹公对诸将说："我接受张绣等人投降，错在没有马上就要他的人质，以至于弄到这个地步。我明白失败的原因了。你们诸位看着，从今以后，不会再有这类失败了。"接着就回许县去。

原 文

袁术欲称帝于淮南，使人告吕布。布收①其使，上其书。术怒，攻布，为布所破。秋九月，术侵陈，公东征之。术闻公自来，弃军走，留其将桥蕤、李丰、梁纲、乐就。公到，击破蕤等，皆斩之。术走渡淮。公还许。

公之自舞阴还也，南阳、章陵诸县复叛为绣，公遣曹洪击之。不利，还屯叶②，数为绣、表所侵。冬十一月，公自南征，至宛。表将邓济据湖阳。攻拔之，生禽济，湖阳降。攻舞阴，下之。

注 释

①收：扣押。
②叶：叶县，今属河南省平顶山市。

译 文

袁术想在淮南称皇帝，派人告诉吕布。吕布逮捕送信使者，把袁术的信转呈朝廷。袁术愤怒，进攻吕布，被吕布打败。秋九月，袁术侵扰陈郡，曹公东征袁术。袁术听说曹公亲自来了，丢下大军自己逃跑，留下将军桥蕤、李丰、梁纲、乐就统领军队。曹公到，打败桥蕤等将军，把他们都杀了。袁术逃过淮河。曹公回兵许县。

曹公从舞阴回许县的时候，南阳、章陵等县再次反叛，投向张绣，曹公派曹洪去攻打。战事不顺利，驻扎叶县，多次受到张绣刘表的侵袭。冬十一月，曹公亲自南征，到达宛县。刘表将军邓济据守湖阳，曹公攻破湖阳，活捉邓济，湖阳军民投降。接着攻打舞阴，攻下来了。

原 文

三年春正月，公还许，初置军师祭酒①。三月，公围张绣于穰。夏

17

五月，刘表遣兵救绣，以绝军后。公将引还，绣兵来（追），公军不得进，连营稍前。公与荀彧书曰："贼来追吾，虽日行数里，吾策之，到安众，破绣必矣。"到安众，绣与表兵合，守险，公军前后受敌。公乃夜凿险为地道，悉过辎重，设奇兵。会明②，贼谓公为遁也，悉军来追。乃纵奇兵步骑夹攻，大破之。秋七月，公还许。荀彧问公："前以策贼必破，何也？"公曰："虏遏吾归师，而与吾死地战，吾是以知胜矣。"

注释

①军师祭酒，官职名称，由曹操设立在东汉末年，建安三年正月设立。后因避司马师讳，也称为军祭酒。祭酒：本义是在大飨宴时以年老宾客一人举酒祭祀地神，需长者立主位，面南酹酒祭神开席。后亦以泛称年长或位尊者。后用为官名，意为首席、主管，如国子祭酒等。

②会明：等到天亮。

译文

建安三年春正月，曹公回许县，开始设置军师祭酒官职。三月，曹公把张绣包围在穰县。夏五月，刘表派兵救张绣，抄曹军后路。曹公将要退兵，张绣带兵来追，曹公军队前进不了，就聚拢部队，缓行推进。曹公给荀彧写信说："贼来追我，我虽然一天只能前进几里，但我预计，走到安众县，一定可以打败张绣。"到了安众，张绣和刘表会师，守住了险要，曹公军队前后受敌。曹公于是趁夜在险要处开凿地下通道，把辎重全部运送过去，埋下伏兵。这时天亮了，贼以为曹公逃走了，调动全军来追。曹公就发动埋伏的步兵夹攻，把贼兵打得大败。秋七月，曹公回到许县。荀彧问曹公："事前已经预计贼必败，是怎么回事？"曹公说："贼阻拦我回撤的部队，和我身处死地的部队作战，我所以知道必胜。"

原文

　　吕布复为袁术使高顺攻刘备，公遣夏侯惇救之，不利，备为顺所败。九月，公东征布。冬十月，屠彭城，获其相侯谐。进至下邳，布自将骑逆击。大破之，获其骁将成廉。追至城下，布恐，欲降。陈宫等沮其计，求救于术，劝布出战。战又败，乃还固守，攻之不下。时公连战，士卒罢①，欲还。用荀攸、郭嘉计，遂决泗、沂水以灌城。月余，布将宋宪、魏续等执陈宫，举城降，生禽布、宫，皆杀之。太山臧霸、孙观、吴敦、尹礼、昌豨各聚众。布之破刘备也，霸等悉从布。布败，获霸等，公厚纳待，遂割青、徐二州附于海以委②焉。分琅玡、东海、北海为城阳、利城、昌虑郡。

注释

　　①罢：通"疲"，疲惫。
　　②委：委任。

译文

　　吕布又为了袁术而派高顺进攻刘备，曹公派夏侯惇救刘备，战斗不利，刘备被高顺打败。九月，曹公东征吕布。冬十月，曹公屠杀彭城军民，捉住了彭城国相侯谐。进到下邳，吕布亲自带骑兵反击。曹公大败吕布，捉住了吕布的猛将成廉。追到城下，吕布恐惧，打算投降。陈宫等人阻拦吕布投降，派人向袁术求援；又劝吕布出战，出战又败了，只好回城固守，曹公攻不进城。曹军接连征战，士卒疲苦，打算撤兵回返。后来还是采纳荀攸、郭嘉的计策，决开泗水、沂水灌城。过了一个多月，吕布将军宋宪、魏续等逮捕陈宫，献城投降。曹公活捉吕布、陈宫，都杀了。泰山臧霸、孙观、吴敦、尹礼、昌豨各自都聚合了一些部队。吕布打败刘备时，臧霸等全都跟从吕布。吕布失败，捉住了臧霸等人，曹公以优厚待遇接收了他们，接着又割青、徐两州沿海地区委托给他们。从琅玡国、东海郡、北海国中分出一部分地区建立城阳、利城、昌虑郡。

原文

初，公为兖州，以东平毕谌为别驾[①]。张邈之叛也，邈劫谌母弟妻子。公谢遣之，曰："卿老母在彼，可去。"谌顿首无二心，公嘉之，为之流涕。既出，遂亡归。及布破，谌生得[②]，众为谌惧。公曰："夫人孝于其亲者，岂不亦忠于君乎！吾所求也。"以为鲁相。

注释

①别驾：别驾从事史，官名，亦称别驾从事，简称"别驾"。汉置，为州刺史的佐官。

②生得：活捉。

译文

当初，曹公任兖州牧，任命东平国的毕谌为别驾。张邈叛变的时候，劫持了毕谌的母亲、弟弟、妻子、儿女。曹公向他表示歉意，让他走，对他说："你老母在他那里，你可离开我到他那里去。"毕谌叩头表示没有二心。曹公夸赞了他，为他流了泪。毕谌退出去以后，就逃到张邈那里去了。等到打败吕布，毕谌被活捉了，大家都为毕谌担心。曹公说："一个人对父母孝顺，难道能不对君主忠心耿耿吗！这正是我所需要的人啊。"于是任命他为鲁国国相。

原文

四年春二月，公还至昌邑。张杨将杨丑杀杨，眭固又杀丑，以其众属袁绍，屯射犬。夏四月，进军临河，使史涣、曹仁渡河击之。固使杨故长史薛洪、河内太守缪尚留守，自将兵北迎绍求救，与涣、仁相遇犬城[①]。交战，大破之，斩固。公遂济河，围射犬。洪、尚率众降，封为列侯，还军敖仓。以魏种为河内太守，属[②]以河北事。

注　释

①犬城：即"射犬"，河内郡野王县的一个聚邑。地在今河南省沁阳市东北。

②属：通"嘱"，托福。

译　文

建安四年春二月，曹公回到昌邑。张杨部将杨丑杀了张杨，眭固又杀了杨丑，带着张杨部队投降袁绍，驻扎在射犬。夏四月，曹公进军到黄河边，派史涣、曹仁渡黄河进攻眭固。眭固派张杨原来的长史薛洪、河内太守缪尚留守，自己带兵北去迎接袁绍求救，在犬城遇到了史涣、曹仁。两年相互交战，曹军大败眭固，杀了眭固。曹公于是渡过黄河，包围射犬。薛洪、缪尚领兵投降，被封为列侯。曹军回驻敖仓。以魏种为河内太守，把河北地区事务托付给他。

原　文

初，公举种孝廉。兖州叛，公曰："唯魏种且不弃孤也。"及闻种走，公怒曰："种不南走越，北走胡，不置①汝也！"既下射犬，生擒②种。公曰："唯其才也！"释其缚③而用之。

注　释

①置：放过，饶恕。

②擒：通"禽"。

③缚：捆绑。此指用来捆绑的绳子。

译　文

当初，曹公荐举魏种为孝廉。兖州反叛时，曹公说："只有魏种不会背弃我啊。"等到听说魏种逃跑了，曹公发怒地说："魏种，你不南逃到越，北逃到胡，我绝不放过你！"攻下射犬后，活捉了魏种，曹公说："只是考虑到他是个人才啊！"解开了绑他的绳子并任用了他。

原文

是时袁绍既并^①公孙瓒，兼四州之地，众十余万，将进军攻许^②。诸将以为不可敌。公曰："吾知绍之为人，志大而智小，色厉而胆薄，忌克^③而少威，兵多而分画不明，将骄而政令不一，土地虽广，粮食虽丰，适足以为吾奉也。"秋八月，公进军黎阳，使臧霸等入青州破齐、北海、东安，留于禁屯河上。九月，公还许，分兵守官渡。冬十一月，张绣率众降，封列侯。十二月，公军官渡。

注释

①并：吞并；击溃。

②许：许都，许昌的别称，位于今河南省许昌市建安区东。

③忌克：亦作"忌刻"。谓心存妒忌而欲驾凌于人。亦泛指为人妒忌刻薄。

译文

当时袁绍已吞并了公孙瓒，兼有了四州的土地，兵有十多万，准备进军攻许县。诸将认为打不过袁绍。曹公说："我了解袁绍的为人，他志向大，智慧小；声色严厉，内心怯懦；好忌妒人，好争胜，但缺乏威信；兵员多，但组织混乱，隶属关系不明确；将军骄横，不听指挥，政令不统一；土地虽然广阔，粮食虽然丰富，恰好可以变成奉送给我的礼品。"秋八月，曹公进驻黎阳，使臧霸等人进入青州攻打齐、北海、东安等地，留于禁驻扎在黄河边。九月，曹公回许县，分兵守官渡。冬十一月，张绣率兵投降，被封为列侯。十二月，曹公进驻官渡。

原文

袁术自败于陈^①，稍困，袁谭讲自青州遣迎之。术欲从下邳北过，公遣刘备、朱灵要之。会术病死。程昱、郭嘉闻公遣备，言于公曰："刘备不可纵。"公悔，追之不及。备之未东也，阴与董承等谋反，至下邳，遂杀徐州刺史车胄，举兵屯沛。遣刘岱、王忠击之，不克。庐江太守刘勋率众降，封为列侯。

 注 释

①陈：古地名，陈国所在地。一般指陈。地处黄河以南，颍水中游，淮水之北，是为淮阳之地。

 译 文

袁术自从在陈郡失败，日渐窘困，袁谭从青州派人迎接他。袁术想经由下邳北行，曹公派刘备、朱灵去拦击。就在这时，袁术病死。程昱、郭嘉听说曹公派遣刘备出征，对曹公说："刘备不能放出去。"曹公懊悔，派人追赶，已经来不及。刘备没东去之前，暗地和董承等谋反，到下邳，就杀了徐州刺史车胄，宣布脱离曹公，带兵驻扎在沛国。曹公派刘岱、王忠去攻打，没有取胜。庐江太守刘勋带兵投降，被封为列侯。

原 文

五年春正月，董承等谋泄，皆伏诛。公将自东征备，诸将皆曰："与公争天下者，袁绍也。今绍方来而弃之东，绍乘人后①，若何？"公曰："夫刘备，人杰也，今不击，必为后患。袁绍虽有大志，而见事迟，必不动也。"郭嘉亦劝公，遂东击备，破之，生禽其将夏侯博。备走奔绍，获其妻子②。备将关羽屯下邳，复进攻之，羽降。昌豨叛为备，又攻破之。公还官渡，绍卒③不出。

注 释

①乘人后：乘机从背后进攻。指趁机偷袭。
②妻子：妻子和子女。
③卒：最后，最终。

译文

建安五年春正月，董承等人的阴谋泄漏，都被处死。曹公将要亲自东征刘备，诸将都说："和您争天下的是袁绍啊，现在袁绍正要来，您却丢下袁绍去东征，袁绍趁机抄我们后路，怎么办？"曹公说："那刘备是人中豪杰啊，现在不打，必成后患。袁绍虽有大志，但遇事反应迟钝，必然来不及动作。"郭嘉也劝曹公，曹公仍向东进攻刘备，打败了刘备，活捉刘备将军夏侯博。刘备逃奔袁绍，曹公俘虏了刘备的妻子和孩子。刘备的将军关羽驻扎下邳，曹公又攻下邳，关羽投降。因为昌豨叛投了刘备，曹公又进兵打垮昌豨。曹公回到官渡，袁绍到底也没有出击。

原文

二月，绍遣郭图、淳于琼、颜良攻东郡太守刘延于白马①；绍引兵至黎阳，将渡河。夏四月，公北救延。荀攸说公曰："今兵少不敌，分其势乃可。公到延津，若将渡兵向其后者，绍必西应之，然后轻兵袭白马，掩其不备②，颜良可禽也。"公从之。绍闻兵渡，即分兵西应之。公乃引军兼行趣白马，未至十余里，良大惊，来逆战。使张辽、关羽前登，击破，斩良。遂解白马围，徙其民，循河而西。绍于是渡河追公军，至延津南。公勒兵驻营南阪下，使登垒③望之，曰："可五六百骑。"有顷，复曰："骑稍多，步兵不可胜数。"公曰："勿复白。"乃令骑解鞍放马。是时，白马辎重就道。诸将以为敌骑多，不如还保营。荀攸曰："此所以饵敌，如何去之！"绍骑将文丑与刘备将五六千骑前后至。诸将复曰："可上马。"公曰："未也。"有顷，骑至稍多，或分趣④辎重。公曰："可矣。"乃皆上马。时骑不满六百，遂纵兵击，大破之，斩丑。良、丑皆绍名将也。再战，悉禽，绍军大震。公还军官渡。绍进保阳武。关羽亡归刘备。

注 释

①白马：白马县，古县名。今河南省滑县东。

②掩其不备：趁敌人毫无防备时进行突然袭击。出自《南齐书·刘怀珍传》。

③垒：古代军中作防守用的墙壁。

④趣：同"取"，此为抢夺之意。

译 文

二月，袁绍派遣郭图、淳于琼、颜良去白马攻打东郡太守刘延；袁绍自己带兵到黎阳，准备渡河。夏四月，曹公北救刘延。荀攸劝曹公说："现在我军兵少，不是敌人对手，把敌人兵力分散开来才好。您到延津做出要渡河抄他后路的样子，袁绍必然西去救应，然后您用轻兵奔袭白马，攻其不备，颜良可以打败。"曹公接受他的建议。袁绍听说曹军渡河，马上分兵西去救应，曹公就带兵强行军赶奔白马。离白马还有十多里时，颜良大惊，来迎战，曹公派张辽，关羽上前进攻，打败敌军，杀了颜良。于是解了白马之围，迁出白马民众，顺河西行。袁绍于是渡河追赶曹公军队，追到延津南。曹公停住部队，在南阪下扎营，派人登高了望，了望人报告说："大约五六百个骑兵。"等了一会儿，又报告："骑兵渐渐增加，步兵数不过来。"曹公说："不要报告了。"就下令骑兵解下马鞍放开战马。这时，从白马运出的辎重都已上路，诸将认为敌方骑兵多，不如退回去结营自保。荀攸说："这正是要用辎重引诱敌人，怎么要撤走？"袁绍骑兵将领文丑和刘备带五、六千人先后赶到。诸将又报告："可以上马了。"曹公说："没到时候。"等了一会儿，敌骑渐多，有的散开奔向辎重。曹公说："可以了。"于是大家上了马。当时曹公骑兵不到六百，就坚决发动攻击，大败敌军，杀了文丑。颜良、文丑都是袁绍名将，两次战斗全被杀掉，袁绍军队大为震动。曹公回军驻扎官渡。袁绍向前推进守卫阳武。关羽逃归刘备。

八月，绍连营稍前①，依沙堆为屯，东西数十里。公亦分营与相当，合战不利。时公兵不满万，伤者十二三。绍复进临官渡，起土山地道。公亦于内作之，以相应。绍射营中，矢如雨下，行者皆蒙楯②，众大惧。时公粮少，与荀彧书，议欲还许。彧以为："绍悉众聚官渡，欲与公决胜败。公以至弱当至强，若不能制，必为所乘，是天下之大机也。且绍，布衣之雄③耳，能聚人而不能用。夫以公之神武明哲而辅以大顺，何向而不济！"公从之。

孙策闻公与绍相持，乃谋袭许，未发④，为刺客所杀。

汝南降贼刘辟等叛应绍，略许下。绍使刘备助辟，公使曹仁击破之。备走，遂破辟屯。

注释

①稍前：逐步推进。

②蒙楯：举着盾牌。

③布衣之雄：普通的人才。

④发：出兵。

译文

八月，袁绍聚拢部队，一点儿一点儿向前推进，紧靠沙堆扎营，营垒东西相连几十里。曹公也展开部队和袁军一一对垒。相互交战，曹军不利。当时曹公军队不到一万人，带伤的有十分之二、三。袁绍又向前推进到官渡，堆土山、挖地道。曹公也在营垒里堆土山、挖地道和他对抗。袁绍向曹公营内射箭，箭如雨下，走路的都要蒙着盾牌，兵士非常恐惧。这时曹公军粮不足，给荀彧写信，和他商量想撤回许县。荀彧认为："袁绍把全部军队集中到了官渡，打算和您决胜败。您是以最弱小的兵力对抗最强大的敌人，若不能战胜他，就要被他战胜，这是决定天下大局的关键啊。再说，袁绍不过是一般人的强者而已，能聚集人，但不会使用。凭您的英明威武，又加上是为朝廷讨伐叛逆名正言顺，能有什么事办不成！"曹公听从了荀彧的意见。

孙策听说曹公和袁绍相持，就计划袭击许县，还没出发，被刺客杀死了。

汝南归降的盗贼刘辟等反叛曹公响应袁绍，进攻许县附近地区。袁绍派刘备援助刘辟，曹公派曹仁迎击刘备。刘备逃走，曹仁接着攻破刘辟营垒。

原 文

袁绍运谷车数千乘至，公用荀攸计，遣徐晃、史涣邀击，大破之，尽烧其车。公与绍相拒连月，虽比①战斩将，然众少粮尽，士卒疲乏。公谓运者曰："却十五日为汝破绍，不复劳汝矣。"冬十月，绍遣车运谷，使淳于琼等五人将兵万余人送之，宿绍营北四十里。绍谋臣许攸贪财，绍不能足，来奔，因说公击琼等。左右疑之，荀攸、贾诩劝公。公乃留曹洪守，自将步骑五千人夜往，会明至。琼等望见公兵少，出阵门外。公急击之，琼退保营，遂攻之。绍遣骑救琼。左右或言："贼骑稍近，请分兵拒之。"公怒曰："贼在背后，乃白！"士卒皆殊死战，大破琼等，皆斩之。绍初闻公之击琼，谓长子谭曰："就彼攻琼等，吾攻拔其营，彼固无所归矣！"乃使张郃、高览攻曹洪。郃等闻琼破，遂来降。绍众大溃，绍及谭弃军走，渡河。追之不及，尽收其辎重图书珍宝，虏其众。公收绍书中，得许下及军中人书，皆焚之。冀州诸郡多举城邑降者。

注 释

①比：每次。

译 文

袁绍几千辆运粮车到了前线，曹公用荀攸计策派徐晃、史涣拦击，大败袁军，把运粮车全部烧掉。曹公和袁绍对抗几个月，虽然一仗接一仗杀敌斩将，但兵少粮尽，士卒疲乏。曹公对运粮的人说："再过十五天为你们打败袁绍，就不再劳累你们了。"冬十月，袁绍调车运输粮食，派淳于琼等五人带兵一万多人护送，停驻在袁绍军营北四十里。袁绍谋臣许攸贪财，袁绍不能满足他，他就来投奔曹公，于是趁机劝曹公进攻淳于琼。曹公左右的人怀疑许攸的建议，荀攸、贾诩劝曹公采纳。曹公于是留曹洪守营，自己带步兵骑兵五千人趁夜出发，天亮就到了。淳于琼等望见曹公兵少，就在营门外列阵。曹公迅速冲击，淳于琼退保营垒，曹公就进攻营垒。袁绍派骑兵救淳于琼。身边有人对曹公说："贼骑渐近了，请您分兵抵抗。"曹公生气地说："贼到我身背后再报告！"士兵都拼死作战，大败淳于琼等人，把他们都杀了。袁绍刚听说曹公进攻淳于琼时，对长子袁谭说："乘他进攻淳于琼，我攻占他的营地，他就没有地方可回了。"就派张郃、高览攻曹洪。张郃等听说淳于琼被打垮，就来投降曹公。袁绍部队彻底崩溃，袁绍和袁谭等人弃军逃走，渡过了黄河。曹公派兵追赶没有追上，便缴获了袁绍的全部辎重、图书档案和珍宝，俘虏了袁绍军队。曹公缴获的袁绍书信档案里，发现有许县和前线军中人给袁绍的信，曹公把这些信全都烧毁了。冀州各郡大都献出城邑投降。

原文

初，桓帝时有黄星①见于楚、宋之分。辽东殷馗善天文，言后五十岁当有真人②起于梁、沛之间，其锋不可当。至是凡五十年，而公破绍，天下莫敌矣。

注释

①黄星：土星。

②真人：指真龙天子。

译文

当初，桓帝时，有黄星在楚、宋分野出现。辽东殷馗精通天文，说此后五十年，应当有真人兴起于梁、沛之间，他的发展不可阻挡。到此时一共五十年，而曹公打败袁绍，天下无敌了。

原　文

六年夏四月，扬兵河上，击绍仓亭军，破之。绍归，复收散卒，攻定诸叛郡县。九月，公还许。绍之未破也，使刘备略汝南，汝南贼共都等应之。遣蔡扬击都，不利，为都所破。公南征备，备闻公自行，走奔刘表，都等皆散。

七年春正月，公军谯，令曰："吾起义兵，为天下除暴乱。旧土人民，死丧略尽，国中终日行，不见所识，使吾悽怆伤怀。其举义兵以来，将士绝无后者，求其亲戚以后之，授土田，官给耕牛，置学师以教之。为存者立庙，使祀其先人，魂而有灵，吾百年之后何恨哉！"遂至浚仪，治睢阳渠，遣使以太牢祀桥玄，进军官渡。

注　释

①河上：黄河岸边。

②恨：遗憾，后悔。

③太牢：古代帝王祭祀社稷时，牛、羊、豕(shǐ，猪)三牲全备为"太牢"。

译　文

建安六年夏四月，曹公在黄河边炫耀武力，进攻袁绍在仓亭的驻军，打败了它。袁绍回冀州后，再次收聚逃散的兵士，攻取平定各个反叛的郡县。九月，曹公回许县。袁绍没败之前，派刘备攻取汝南，汝南贼人共都响应刘备。曹公派遣蔡扬攻打共都，不顺利，被共都打败了。曹公南征刘备，刘备听说曹公亲自出征，就逃奔刘表去了，共都等人全都溃散。

建元七年春正月，曹公驻扎在谯县，下令说："我发动义兵，为天下除暴乱。故乡人民，几乎死光，在故乡走一天，碰不到一个熟人，这让我非常悲痛。现在我命令，发动义兵以来，将士绝了后代的，在亲戚中找人过继给他做后代，授给他们土地，官府供给他们耕牛，设置学校教育他们。替活着的人建立庙宇，让他们祭祀死去的亲人，魂如果有灵，我死之后还有什么遗憾呢！"接着到浚仪县，整修睢阳渠，派人用太牢祭祀桥玄，接着进驻官渡。

原 文

绍自军破后，发病欧①血，夏五月死。小子②尚，代谭，自号车骑将军，屯黎阳。秋九月，公征之，连战。谭、尚数败退，固守。

八年春三月，攻其郭③，乃出战。击，大破之，谭、尚夜遁。夏四月，进军邺。五月还许，留贾信屯黎阳。

己酉，令曰："《司马法》：'将军死绥④'，故赵括之母，乞不坐⑤括。是古之将者，军破于外，而家受罪于内也。自命将征行，但赏功而不罚罪，非国典也。其令诸将出征，败军者抵罪，失利者免官爵。"

注 释

①欧血：即"呕血"，吐血。

②小子：幼子，小儿子。

③郭：古代城的外城。

④绥：逃跑；临阵脱逃。

⑤坐：连坐。

译 文

袁绍自从军队被打败以后，发病吐血，到夏五月死了。小儿子袁尚继承职位，大儿子袁谭自称车骑将军，驻扎黎阳。秋九月，曹公征讨他们，接连作战，袁谭、袁尚一次一次败退，固守自保。

建元八年春三月，曹公攻黎阳外城，袁军出战。曹军进击，大败袁军，袁谭、袁尚连夜逃走。夏四月，曹公进驻邺县。五月，回许县，留贾信驻扎黎阳。

已酉日，曹公下令说："《司马法》说'将军败退的要处死'，所以赵括母亲请求不受赵括连累。这表明古代的将军，在外打败仗的，家中人要受牵连承受罪罚。我自从派遣将军出征讨伐以来，只赏功而不罚罪，这不是国家的完善制度。现在我命令：将领出征，损耗军队的，要抵罪；作战失利的，要免官职、爵位。"

原 文

秋七月，令曰："丧乱已来，十有五年，后生者①不见仁义礼让之风，吾甚伤②之。其令郡国各修文学，县满五百户置校官，选其乡之俊造③而教学之。庶几④先王之道不废，而有以益于天下。"

注 释

①后生者：年轻人。

②伤：担忧。

③俊造：才智杰出的人；亦指科举。

④庶几：表示希望的语气词，或许可以。

译 文

秋七月，下令说："战乱以来，十五年了，青年人没来得及看到仁义礼让的社会风尚，我很伤心。现在我命令，各郡国都要研究文献典籍，满五百户的县设置校官，选拔当地学有成就的人对青年人施以教育，以便先王之道不被废弃，而有益于天下。"

原 文

八月，公征刘表，军西平。公之去邺而南也。谭、尚争冀州，谭为尚所败，走保平原。尚攻之急，谭遣辛毗乞降请救。诸将皆疑，荀攸劝公许之，公乃引军还。冬十月，到黎阳，为子整与谭结婚①。尚闻公北，乃释平原还邺。东平吕旷、吕翔叛尚，屯阳平，率其众降，封为列侯。

①结婚：缔结婚约。

八月，曹公征刘表，驻军西平。曹公离开邺县南征时，袁谭、袁尚争冀州，袁谭被袁尚打败，逃到平原县设防坚守。袁尚攻打紧急，袁谭派辛毗来找曹公，请接受投降，并请派兵去援救。诸将全都怀疑袁谭，荀攸则劝曹公答应他，曹公于是带兵北返。冬十月，到达黎阳，让儿子曹整和袁谭女儿订立婚约。袁尚听说曹公北来，就解了平原之围回邺县去。东平国吕旷、吕翔反叛袁尚，驻扎在阳平，率领部属投降曹公，被封为列侯。

原 文

九年春正月，济河，遏①淇水入白沟以通粮道。二月，尚复攻谭，留苏由、审配守邺。公进军到洹水，由降。既至，攻邺，为土山、地道。武安长尹楷屯毛城，通上党粮道。夏四月，留曹洪攻邺，公自将击楷，破之而还。尚将沮鹄守邯郸，又击拔之。易阳令韩范、涉长梁岐举县降，赐爵关内侯。五月，毁土山、地道，作围堑②，决漳水灌城，城中饿死者过半。秋七月，尚还救邺，诸将皆以为"此归师，人自为战，不如避之"。公曰："尚从大道来，当避之；若循西山来者，此成禽耳。"尚果循西山来，临滏水为营。夜遣兵犯③围，公逆击破走之，遂围其营。未合，尚惧。故豫州刺史阴夔及陈琳乞降，公不许，为围益急。尚夜遁，保祁山，追击之。其将马延、张颉等临阵降，众大溃，尚走中山。尽获其辎重，得尚印绶节钺，使尚降人示其家，城中崩沮。八月，审配兄子荣夜开所守城东门内兵。配逆战④，败，生禽配。斩之，邺定。公临祀绍墓，哭之流涕。慰劳绍妻，还其家人宝物，赐杂缯絮，廪食⑤之。

注释

①遏：截断。

②围堑：围绕城垒的壕沟。

③犯：偷袭。

④逆战：犹迎战。

⑤廪食：公家供给口粮。

译文

建安九年春正月，曹军渡过黄河，拦截淇水导入白沟以通粮道。二月，袁尚又攻袁谭，留苏由、审配守卫邺县。曹公进军到洹水，苏由投降。到邺县，攻城，堆土山，挖地道。袁尚的武安县长尹楷屯驻毛城，以保证上党粮道的畅通。夏四月，曹公留曹洪攻邺，自己带兵进攻尹楷，打败了尹楷，然后回师。袁尚将军沮鹄守邯郸，曹公又攻取了邯郸。易阳县令韩范、涉县长梁岐带领全县投降，被封为关内侯。五月。平毁土山、地道，挖围城壕沟，决漳水灌城，城中饿死的人超过总人口的半数。秋七月，袁尚回师救邺。诸将都认为"这是回老家的部队，人人都会自动奋战，不如回避一下"。曹公说："袁尚从大道回来，应当回避；如果顺着西山回来，这就要变成我的俘虏了。"袁尚果然顺着西山回来，在滏水岸边扎营，夜里派军队来冲邺县城外的曹军包围圈。曹公反击，赶走袁军，接着要包围袁尚军营。包围圈还没合拢，袁尚害怕了，派原先的豫州刺史阴夔和陈琳来请求投降。曹公不同意，更加紧包围。袁尚夜里逃出包围圈，去守祁山。曹公追击袁尚，袁尚将军马延、张颛等临阵投降，袁军溃散，袁尚逃奔中山。曹公缴获了袁尚的全部辎重，得到了袁尚的印绶节钺，让袁尚部下投降的人拿给袁尚家属看，邺县城里人心瓦解。八月，审配哥哥的儿子审荣，夜里打开他把守的城东门放进曹公军队。审配反击，结果战败被活捉。曹公杀了审配，邺县平定了。曹公到墓上去祭祀袁绍，痛哭流泪，慰劳袁绍妻子，归还他们家人的宝物，赐给各种丝织品，由官府供给口粮。

少
年
读
三
国
志

原文

初，绍与公共起兵，绍问公曰："若事不辑①，则方面②何所可据？"公曰："足下意以为何如？"绍曰："吾南据河，北阻燕、代，兼戎狄之众，南向以争天下，庶可以济乎？"公曰："吾任天下之智力，以道③御之，无所不可。"

九月，令曰："河北罹袁氏之难，其令无出今年租赋！"重豪强兼并之法，百姓喜悦。天子以公领冀州牧，公让还兖州。

公之围邺也，谭略取甘陵、安平、渤海、河间。尚败，还中山。谭攻之，尚奔故安，遂并其众。公遗谭书，责以负约，与之绝婚，女还，然后进军。谭惧，拔平原，走保南皮。十二月，公入平原，略定诸县。

注释

①辑：成功。

②方面：四方。

③道：王道。

译文

当初，袁绍和曹公共同起兵，袁绍问曹公："如果事情不成，那么什么地区可以据守呢？"曹公说："您的看法呢？"袁绍说："我南面守住黄河，北面守住燕、代，联合戎狄兵力，向南争夺天下，也许可以成功吧？"曹公说："我依靠天下人的才智，用恰当方法去组织、运用他们，没有哪处地方不可以据守。"

九月，曹公下令说："河北遭受袁氏的灾难，特令不交今年的田租、赋税！"加重惩治豪强兼并贫民的刑罚，百姓很高兴。天子任命曹公兼任冀州牧，曹公辞去兖州牧。

曹公围邺的时候，袁谭攻取甘陵、安平、渤海、河间，袁尚败回中山。袁谭攻中山，袁尚逃奔故安，袁谭于是兼并了袁尚的军队。曹公给袁谭写信，责备他不遵守约定，和他断绝婚姻关系，送回袁谭女儿，然后进军。袁谭恐惧，撤出平原郡逃往南皮县据守。十二月，曹公进入平原郡，平定郡内各县。

原文

十年春正月，攻谭，破之，斩谭，诛其妻子，冀州平。下令曰："其与袁氏同恶者，与之更始①。"令民不得复私雠②，禁厚葬，皆一之于法。是月，袁熙大将焦触、张南等叛攻熙、尚，熙、尚奔三郡乌丸。触等举其县降，封为列侯。初讨谭时，民亡椎冰③，令不得降。顷之，亡民有诣门首④者，公谓曰："听汝则违令，杀汝则诛首，归深自藏，无为吏所获。"民垂泣而去，后竟捕得。

夏四月，黑山贼张燕率其众十余万降，封为列侯。故安赵犊、霍奴等杀幽州刺史、涿郡太守。三郡乌丸攻鲜于辅于犷平。秋八月，公征之，斩犊等，乃渡潞河救犷平，乌丸奔走出塞。

注释

①更始：改过自新。

②雠：通"仇"。

③椎冰：指避破冰行船的差事

④首：自首。

译文

建安十年春正月，曹军进攻袁谭，打败了袁军，杀了袁谭，处死了他的妻子儿女，冀州平定。曹公下令说："跟袁氏办过坏事的，允许改过自新。"下令百姓不许报复私仇，禁止厚葬，违者一律依法制裁。这个月，袁熙大将焦触、张南反叛袁熙、袁尚，并进攻二人驻地，袁熙、袁尚逃奔三郡乌丸。焦触等带着全县人投降，被封为列侯。曹军开始讨伐袁谭时，征发百姓凿冰通船，有的百姓畏惧苦累，逃跑了。

曹公下令，以后这些人来归降，不得接受。不久，有的逃亡百姓来军营自首，曹公对他们说："允许你们投降，就破坏了军令；杀了你们，那又是杀认罪自首的人。你们赶快回去藏得隐秘一些，别让官吏抓住。"百姓们流着眼泪离去了，以后，到底还是被抓回来办了罪。

夏四月，黑山贼张燕率领十几万兵投降，被封为列侯。故安的赵犊、霍奴等杀幽州刺史、涿郡太守。三郡乌丸攻打驻守犷平的鲜于辅。秋八月，曹公出征，斩了赵犊等人，又渡潞河救犷平，乌丸奔逃出塞。

原文

九月，令曰："阿党比周①，先圣所疾也。闻冀州俗，父子异部，更相毁誉。昔直不疑无兄，世人谓之盗嫂；第五伯鱼三娶孤女，谓之挝②妇翁；王凤擅权，谷永比之申伯；王商忠议，张匡谓之左道：此皆以白为黑，欺天罔君者也。吾欲整齐风俗，四者不除，吾以为羞。"冬十月，公还邺。

注释

①阿党比周：相互勾结，相互偏袒，结党营私。
②挝：殴打。

译文

九月，曹公下令说："偏袒同伙，相互勾结，是古代圣人所痛恨的。听说冀州风俗，即使是父子，也各有帮伙，称颂自己，诽谤对方。以前直不疑本没有哥哥，而世人竟说他通嫂嫂；第五伯鱼三次娶的都是无父的孤女，但有人却说他打过岳父；王凤专权跋扈，谷永却把他比作申伯；王商进献忠言，张匡却说他搞左道骗人：这都是以白为黑，欺骗上天蒙蔽君主的行为。我打算整顿风俗，这四种坏行为铲除不尽，我认为是我的耻辱。"冬十月，曹公回邺县。

原文

初，袁绍以甥高干领并州牧，公之拔邺，干降，遂以为刺史。干闻公讨乌丸，乃以州叛，执上党太守，举兵守壶关口。遣乐进、李典击之，干还守壶关城。十一年春正月，公征干。干闻之，乃留其别将守城，走入匈奴，求救于单于，单于不受。公围壶关三月，拔之。干遂走荆州，上洛都尉王琰捕斩之。

秋八月，公东征海贼管承，至淳于①，遣乐进、李典击破之，承走入海岛。割东海之襄贲、郯、戚以益琅玡，省②昌虑郡。

注释

①淳于：淳于县，西汉初置，故治在今山东潍坊市坊子区。

②省：撤销。

译文

当初，袁绍以外甥高干兼并州牧，曹公攻占邺县时，高干投降，就任命他为并州刺史。高干听说曹公讨伐乌丸，就在并州反叛，拘押了上党太守发兵把守住壶关口。曹公派乐进、李典去进攻高干，高干退守壶关城。建安十一年春十月，曹公征高干。高干听说曹公来征，就留下别将军守城，自己逃进匈奴，向单于求救，单于不接纳。曹公围壶关三个月，攻下了壶关。高干于是向荆州奔逃，被上洛都尉王琰逮捕杀掉。

秋八月，曹公东征海贼管承，到达淳于，派乐进、李典打败管承，管承逃上海岛。曹公割出东海郡的襄贲、郯、戚县并入琅玡国，撤销昌虑郡。

原文

三郡乌丸承天下乱，破幽州，略有汉民合十余万户。袁绍皆立其酋豪①为单于，以家人子为己女，妻②焉。辽西单于蹋顿尤强，为绍所厚，故尚兄弟归之，数入塞为害。公将征之，凿渠，自呼沱入泒水③，名平虏渠。又从泃河口凿入潞河，名泉州渠，以通海。

十二年春二月，公自淳于还邺。丁酉，令曰："吾起义兵诛暴乱，于今十九年，所征必克，岂吾功哉？乃贤士大夫之力也。天下虽未悉定，吾当要与贤士大夫共定之；而专飨其劳，吾何以安焉！其促④定功行封。"于是大封功臣二十余人，皆为列侯；其余各以次受封，及复死事之孤，轻重各有差。

注释

①酋豪：部落的首领。

②妻：嫁为人妻。

③泒（gū）水：古水名。即今河北省中部大沙河，在今饶阳县西北入滹沱河。

④促：尽快。

译文

三郡乌丸趁天下大乱，攻入幽州，掳掠汉民共计十多万户。袁绍把他们的首领都立为单于，以百姓的女儿冒充自己的女儿嫁给他们。辽西单于蹋顿尤其强大，受到袁绍优待，所以袁尚兄弟投奔他，他一次次入塞扰乱。曹公准备去征讨蹋顿，就开凿渠道，从呼沱通入泒水，命名为泉州渠，以通渤海。

建安十二年春二月，曹公从淳于回邺县。丁酉日，下令说："我发动义兵讨灭暴乱，到现在共十九年，所征必胜，难道是我的功劳吗？是贤士大夫的力量啊。天下虽然还没全部平定，我将会同贤士大夫一起去平定；但现在我独自享受功劳奖赏，我怎能心安呢？希望加紧评定功劳施行封赏。"于是大封功臣二十多人，都封为列侯；其余的各按等受封，并且为死者的孤儿免除徭役负担，轻重奖赏各有差别。

原文

将北征三郡乌丸，诸将皆曰："袁尚，亡虏耳，夷狄贪而无亲，岂能为尚用？今深入征之，刘备必说刘表以袭许。万一为变，事不可悔。"惟郭嘉策①表必不能任备，劝公行。夏五月，至无终。秋七月，大水，傍海道不通，田畴请为乡导，公从之。引军出卢龙塞，塞外道绝不通，乃堑山堙②谷五百余里，经白檀，历平冈，涉鲜卑庭，东指柳城。未至二百里，虏乃知之。尚、熙与蹋顿、辽西单于楼班、右北平单于能臣抵之等将数万骑逆军。八月，登白狼山，卒与虏遇，众甚盛。公车重在后，被甲者少，左右皆惧。公登高，望虏阵不整，乃纵兵击之。使张辽为先锋，虏众大崩，斩蹋顿及名王已下，胡、汉降者二十余万口。辽东单于速仆丸及辽西、北平诸豪，弃其种人，与尚、熙奔辽东，众尚有数千骑。初，辽东太守公孙康恃远不服。及公破乌丸，或说公遂征之，尚兄弟可禽也。公曰："吾方使康斩送尚、熙首，不烦兵矣。"九月，公引兵自柳城还，康即斩尚、熙及速仆丸等，传其首。诸将或问："公还而康斩送尚、熙，何也？"公曰："彼素畏尚等，吾急之则并力，缓之则自相图，其势然也。"十一月至易水，代郡乌丸行单于普富卢、上郡乌丸行单于那楼将其名王来贺。

注释

①策：推断，断定。

②堑山堙（yīn）谷：指挖山填谷。

译文

曹公将北征三郡乌丸，诸将都说："袁尚是一个在逃的贼寇罢了，夷狄贪婪而不讲交情，哪能被袁尚利用呢？现在深入其境去征讨，刘备必然劝说刘表袭击许县。万一事态恶化，后悔就来不及了。"只有郭嘉料定刘表必不能任用刘备，劝曹公出征。夏五月，到达无终。秋七月，大水泛滥，沿海道路不通，田畴请求当向导，曹公同意了。田畴带领军队出卢龙塞，塞外路断了，无法通行。于是平山填谷五百多里，经过白檀，穿过平冈，到达鲜卑庭，东进柳城。离柳城只有二百里了，敌人才发觉。袁尚、袁熙和蹋顿、辽西单于楼班、右北平单于能臣抵之等带领几万骑兵迎战。八月，部队登上白狼山，突然遇上了敌军，敌军声势强大。曹公辎重还在后面，披甲兵士少，身边人都十分恐惧。

曹公登上高处，望见敌阵不严整，于是挥兵进攻，派张辽为先锋。敌军大崩溃，斩了蹋顿及名王以下首领，胡、汉投降的有二十多万人。辽东单于速仆丸及辽西、北平各个乌丸首领，丢下本族人，和袁尚、袁熙逃奔辽东，只剩有骑兵几千人。当初，辽东太守公孙康凭仗地处偏远，不服从朝廷。等到曹公打败乌丸，有人劝曹公接着去征讨公孙康，袁尚兄弟就可以捉住了。曹公说："我正要让公孙康斩送袁尚、袁熙首级来，不需要麻烦兵士了。"九月，曹公领兵从柳城回返，公孙康就斩了袁尚、袁熙及速仆丸等，送来了首级。诸将中有人问："您回师而公孙康斩送袁尚、袁熙，这是什么原因？"曹公说："他一向畏惧袁尚等人，我紧逼，他们就要合力对我；我放松他们，他们就要自相残杀了，这是必然之势啊。"十一月，到达易水，代郡乌丸行单于普富卢、上郡乌丸行单于那楼带着他们的名王来祝贺。

原 文

十三年春正月，公还邺，作玄武池以肄舟师。汉罢三公官，置丞相、御史大夫。夏六月，以公为丞相。

秋七月，公南征刘表。八月，表卒，其子琮代屯襄阳，刘备屯樊。九月，公到新野，琮遂降，备走夏口。公进军江陵，下令荆州吏民，与之更始。乃论荆州服从之功，侯者十五人；以刘表大将文聘为江夏太守，使统本兵；引用荆州名士韩嵩、邓义等。益州牧刘璋始受征役，遣兵给军①。十二月，孙权为备攻合肥。公自江陵征备，至巴丘，遣张熹救合肥。权闻熹至，乃走。公至赤壁，与备战，不利。于是大疫，吏士多死者，乃引军还。备遂有荆州、江南诸郡。

注 释

①给军：补充军队。

译 文

建安十三年春正月，曹公回到邺县，开凿玄武池以训练水军。汉朝撤销三公官职，设置丞相、御史大夫。夏六月，以曹公为丞相。

秋七月，曹公南征刘表。八月，刘表去世，他儿子刘琮接替他的职位，屯驻襄阳，刘备屯驻樊城。九月，曹公到新野，刘琮就投降了，刘备逃奔夏口。曹公进军江陵，下令荆州吏民，废除旧制度，实行新规定。接着，评论荆州归降者的功绩，封侯的十五个人；以刘表大将文聘为江夏太守，叫他统领本部兵马；邀请任用了荆州名士韩嵩、邓义等人。益州牧刘璋开始接受摊派给他的征调租赋徭役义务，派遣兵卒补给朝廷军队。十二月，孙权为刘备进攻合肥。曹公从江陵出发征讨刘备，到巴丘，派遣张熹救合肥。孙权听说张熹到了，就逃走了。曹公到赤壁，和刘备作战，不利。这时又流行瘟疫，死了不少官兵，于是领兵回返。刘备于是占有荆州、江南诸郡。

原文

十四年春三月，军至谯，作轻舟，治水军。秋七月，自涡入淮，出肥水，军合肥。辛未，令曰："自顷①已来，军数征行，或遇疫气，吏士死亡不归，家室怨旷，百姓流离，而仁者岂乐之哉？不得已也。其令死者家无基业不能自存者，县官勿绝廪，长吏存恤抚循②，以称吾意。"置扬州郡县长吏，开芍陂屯田。十二月，军还谯。

注释

①自顷：指过去不久到现在的一段时间。
②抚循：安抚，慰问。

译文

建安十四年春三月，曹公领兵到谯郡，修造轻便船，整训水军。秋七月，从涡水入淮水，出淝水，驻扎合肥。辛未日，下令说："最近以来，多次出征，有时还遇到瘟疫，官兵死亡，不能回家，妻子失去丈夫，百姓流离失所，仁慈的人难道高兴这样吗？是不得已啊！现在下令，战死者的家属没有产业不能自己生活的，官府不得断绝食粮供応，主管官吏要抚恤慰问，以称我的心意。"为扬州郡、县委派主管官吏，开辟芍陂地区屯田。十二月，领兵回谯。

原文

十五年春，下令曰："自古受命及中兴之君，曷尝①不得贤人君子与之共治天下者乎！及其得贤也，曾不出闾巷，岂幸相遇哉？上之人不求之耳。今天下尚未定，此特求贤之急时也。'孟公绰为赵、魏老则优，不可以为滕、薛大夫。'若必廉士而后可用，则齐桓其何以霸世！今天下得无有被褐怀玉②而钓于渭滨者乎？又得无盗嫂受金而未遇无知者乎？二三子其佐我明扬仄陋③，唯才是举，吾得而用之。"冬，作铜雀台。

注释

①曷尝：何尝。

②被褐怀玉：意思是身穿粗布衣服而怀抱美玉。比喻虽是贫寒出身，但有真才实学。

③明扬仄陋：明察荐举出身微贱而德才兼备的人。

译文

建安十五年春，曹公下令说："自古接受天命开国及中兴的君主，何曾不是得到贤人君子和他共同治理天下呢！在他得到贤才的时候，简直不需要走出里巷，难道是侥幸碰到的吗？只是有时在上位的人不肯去求啊。现在天下还没有平定，这正是求贤最迫切的时候啊。'孟公绰担任赵国、魏国的家臣是才力有余的，但不能任命为滕、薛一类小国的大夫。'如果限定只有廉洁的人才可任用，那齐桓公靠谁帮助成为霸主呢！现今天下难道没有身穿粗布陋衣、胸怀超凡见识，而在渭水边钓鱼的姜尚一类人吗？又难道没有蒙受'私通嫂嫂'恶名、确有接受贿赂事实，并且还没有得到魏无知力荐的陈平一类人吗？希望你们帮助我连最卑微的人也不要漏略，广泛发现人才。只要有才干就荐举，我好选拔任用。"冬，建造铜雀台。

原文

十六年春正月，天子命公世子丕为五官中郎将，置官属，为丞相副。太原商曜等以大陵叛，遣夏侯渊、徐晃围破之。张鲁据汉中，三月，遣钟繇讨之。公使渊等出河东与繇会。

是时关中诸将疑繇欲自袭马超，遂与韩遂、杨秋、李堪、成宜等叛，遣曹仁讨之。超等屯潼关，公敕诸将："关西兵精悍，坚壁①勿与战。"秋七月，公西征，与超等夹关而军。公急持之，而潜遣徐晃、朱灵等夜渡蒲阪津，据河西为营。公自潼关北渡，未济，超赴船急战。校尉丁斐因放牛马以饵②贼，贼乱取牛马，公乃得渡，循河为甬道③而南。贼退，拒渭口。公乃多设疑兵，潜以舟载兵入渭，为浮桥。夜，分兵结营于渭南。贼夜攻营，伏兵击破之。超等屯渭南，遣信求割河以西请和，公不许。

注释

①坚壁：加固城墙和堡垒。

②饵：引诱。

③甬道：两旁有墙或其他障蔽物的驰道或通道。

译文

建安十六年春正月，天子任命曹公嫡长子曹丕为五官中郎将，设置官属，为丞相副手。太原人商曜等在大陵反叛，派夏侯渊、徐晃包围打败了他们。张鲁割据汉中，三月，派钟繇讨伐他。曹公派夏侯渊等从河东出发与钟繇会师。

这时关中诸将怀疑钟繇将要袭击自己，马超于是和韩遂、杨秋、李堪、成宜等反叛。曹公派曹仁讨伐他们。马超等屯驻潼关，曹公告诫诸将："关西兵精悍，你们坚守营垒别和他们交战。"秋七月，曹公西征，和马超等隔着潼关驻扎。曹公紧紧牵制住敌军，而暗派徐晃、朱灵等夜渡蒲阪津，占据河西扎营。曹公从潼关北渡河，还没渡过去时，马超急攻渡船，校尉丁斐于是放出牛马引诱贼兵。贼乱取牛马，曹公才得渡过河去，顺着河向南，边筑甬道边推进。贼后退，挡住渭口。曹公就多设疑兵，暗地用船运兵进入渭水架浮桥。夜里，在渭水南岸分兵扎营。贼夜里攻营，伏兵起来打败了他们。马超等屯扎渭水南岸，派使者请求割让黄河西岸土地以缔结和约，曹公不同意。

原文

九月，进军渡渭。超等数挑战，又不许；固请割地，求送任子，公用贾诩计，伪许之。韩遂请与公相见，公与遂父同岁孝廉，又与遂同时侪辈①，于是交马语移时②，不及军事，但说京都旧故，拊手欢笑。既罢，超等问遂："公何言？"遂曰："无所言也。"超等疑之。他日，公又与遂书，多所点窜③，如遂改定者，超等愈疑遂。公乃与克日④会战，先以轻兵挑之，战良久，乃纵虎骑夹击，大破之，斩成宜、李堪等。遂、超等走凉州，杨秋奔安定，关中平。诸将或问公曰："初，贼守潼关，渭北道缺，不从河东击冯翊而反守潼关，引日而后北渡，何也？"公曰："贼守潼关，若吾入河东，贼必引守诸津，则西河未可渡，吾故盛兵向潼关。贼悉众南守，西河之备虚，故二将得擅取西河。然后引军北渡，贼不能与吾争西河者，以有二将之军也。连车树栅，为甬道而南，既为不可胜，且以示弱。渡渭为坚垒，虏至不出，所以骄之也。故贼不为营垒而求割地，吾顺言许之，所以从其意，使自安而不为备。因畜士卒之力，一旦击之。所谓疾雷不及掩耳，兵之变化，固非一道也。"始，贼每一部到，公辄有喜色。贼破之后，诸将问其故。公答曰："关中长远，若贼各依险阻，征之，不一二年不可定也。今皆来集，其众虽多，莫相归服，军无适主，一举可灭。为功差易，吾是以喜。"

注释

①侪辈（chái）：同辈，朋辈。犹辈分。

②移时：一会，一段时间。

③点窜：修整字句；润饰。

④克日：约定或严格限定（期限）。

　　九月，进军渡渭水，马超等多次挑战，曹公又不应战。马超等又坚持请求割地，请求送来人质以缔结和约。曹公用贾诩计策，假装答应他们。韩遂请求与曹公相见。曹公和韩遂父亲同一年被举为孝廉，又和韩遂本人年龄不相上下，于是马头相接交谈多时，但不涉及军事，只谈京都老友往事，拍手欢笑。谈完以后，马超问韩遂："您和他说了什么？"韩遂说："没说什么。"马超等怀疑不信。另一天，曹公又给韩遂写信，多处涂改，弄得像是韩遂涂改的一样，马超等更加怀疑韩遂。曹公于是和他们定日子会战，先以轻装士兵挑战，交战很长时间，才派出勇猛骑兵夹攻，于是大败敌军，斩了成宜、李堪等人。韩遂、马超等逃奔凉州，杨秋逃奔安定，关中平定。诸将中有人问曹公："当初，贼守潼关，渭水北岸防卫空虚，您不从河东攻冯翊而反守潼关，拖延一段时间后才北去渡河，这是为什么呢？"曹公说："贼守潼关，如果我进入河东，贼必然分守各个渡口，那样一来，西河就不能渡了。我故意大兵发向潼关，贼集中全力防守南部，西河守备空虚，所以两位将军能夺取西河！后来领兵北渡，贼无法和我争西河，那是因为西河已经有了我方两位将军的部队啊。连接兵车树立栅栏，筑甬道掩护着南进，既是要形成敌方不易取胜的态势，又要向敌方故意示弱。渡过渭水后构筑坚固壁垒，敌人来了不出战，为的是助长敌人的骄傲啊。所以贼不筑营垒而要求割地，我顺口答应了他，为的是顺从他的意思，使他们自己感到安全而不做战争准备。因而我得以蓄积士卒战斗力，突然出击，这就是所谓迅雷不及掩耳。兵势的变化，本没有一个固定的格式啊。"开始时，贼兵每有一部到达前线，曹公就有喜色。贼兵失败之后，诸将问他一再有喜色的原因，曹公回答："关中地域长道路远，若贼各在一处据险而守，征讨他们，没有一两年不能平定。现在都来集中，他们兵虽多，但谁也不服从谁，军队没有主帅，一仗就可以消灭，取得成功很容易，我因此高兴。"

原文

冬十月，军自长安北征杨秋，围安定。秋降，复其爵位，使留抚其民人。十二月，自安定还，留夏侯渊屯长安。

十七年春正月，公还邺。天子命公赞拜不名①，入朝不趋，剑履上殿，如萧何故事②。马超余众梁兴等屯兰田，使夏侯渊击平之，割河内之荡阴、朝歌、林虑，东郡之卫国、顿丘、东武阳、发干，钜鹿之廮陶、曲周、南和、广平之任城，赵之襄国、邯郸、易阳以益魏郡。冬十月，公征孙权。

十八年春正月，进军濡须口，攻破权江西营，获权都督公孙阳，乃引军还。诏书并十四州，复为九州。夏四月，至邺。

注释

①赞拜不名：臣子朝拜帝王时，赞礼官不直呼其姓名，只称官职。这是皇帝给予大臣的一种特殊礼遇。

②故事：旧例。

译文

冬十月，军队从长安北征杨秋，围安定。杨秋投降，就恢复了他的爵位，让他留任，安抚当地百姓。十二月，从安定回师，留夏侯渊驻扎长安。

建安十七年春正月，曹公回到邺县。天子特许曹公朝拜时，司仪宣呼行礼仪式，不须直呼其名；入朝时，不须小步快走；上殿时，可以穿鞋佩剑，就像当年萧何一样。马超残余部队梁兴等屯驻在蓝田，曹公派夏侯渊打败了这支军队，平定了地方。割河内郡的荡阴、朝歌、林虑，东郡的卫国、顿丘、东武阳、发干，钜鹿郡的廮陶、曲周、南和，广平郡的任城，赵国的襄国、邯郸、易阳等县来扩大魏郡。冬十月，曹公征孙权。

建安十八年春正月，曹公进军濡须口，攻破孙权的江西营地，捉获孙权都督公孙阳，才带兵回返。天子下诏，把天下由十四州恢复为九州。夏四月，曹公到邺县。

原　文

五月丙申，天子使御史大夫郗虑持节策命公为魏公曰：

朕以不德，少遭愍凶，越在西土，迁于唐、卫。当此之时，若缀旒^①然，宗庙乏祀，社稷无位，群凶觊觎，分裂诸夏。率土之民，朕无获焉，即我高祖之命将坠于地。朕用夙兴假寐，震悼于厥心，曰："惟祖惟父，股肱先正，其孰能恤朕躬？"乃诱天衷，诞育丞相，保乂^②我皇家，弘济于艰难，朕实赖之。今将授君典礼，其敬听朕命。

注　释

①缀旒（zhuì liú）：比喻君主为臣下挟持，大权旁落。也比喻国势垂危。

②保乂（yì）：治理使之安定太平。

译　文

五月丙申日，天子派御史大夫郗虑持节册命曹公为魏公，册文说：

朕由于不修德行，年少时遭遇忧患，先是远迁在西土，后又东迁到唐、卫，在这时候，像缀旒一样任凭别人执持。宗庙缺乏祭祀，社稷没有确定的位置，许多坏人觊觎皇位，分裂天下。境内百姓，朕不能领有，即使我高祖创建的皇权，也都几乎要坠落在地了。朕因此日夜忧虑，潜心默念："历代祖先啊，先代辅政大臣们啊，你们谁能怜悯我啊？"这才感动了天心，诞生了丞相，保佑我皇家平安，在艰难中给我皇家巨大帮助，朕于是有了依靠。现在将授予您典法礼仪，希望您恭敬地听我的命令。

原　文

　　昔者董卓初兴国难，群臣释位以谋王室，君则摄进，首启戎行，此君之忠于本朝也。后及黄巾反易天常，侵我三州，延及平民，君又翦之以宁东夏，此又君之功也。韩暹、杨奉专用威命，君则致讨，克黜其难，遂迁许都，造我京畿，设官兆祀，不失旧物，天地鬼神于是获义，此又君之功也。袁术僭逆，肆于淮南，慑惮君灵，用丕显谋[1]，蕲阳之役，桥蕤授首，棱威南迈，术以陨溃，此又君之功也。回戈东征，吕布就戮，乘辕将返，张杨殂毙，眭固伏罪，张绣稽服，此又君之功也。袁绍逆乱天常，谋危社稷，凭恃其众，称兵内侮，当此之时，王师寡弱，天下寒心，莫有固志，君执大节，精贯白日，奋其武怒，运其神策，致届官渡，大歼丑类，俾我国家拯于危坠，此又君之功也。济师洪河，拓定四州，袁谭、高干，咸枭其首，海盗奔迸，黑山顺轨，此又君之功也。乌丸三种，崇乱二世，袁尚因之，逼据塞北，束马县车，一征而灭，此又君之功也。刘表背诞[2]，不供贡职，王师首路，威风先逝，百城八郡，交臂曲膝，此又君之功也。马超、成宜，同恶相济，滨据河、潼，求逞所欲，殄之渭南，献馘[3]万计，遂定边境，抚和戎狄，此又君之功也。鲜卑、丁零，重译而至，单于白屋，请吏率职，此又君之功也。君有定天下之功，重之以明德，班叙海内，宣美风俗，旁施勤教，恤慎刑狱，吏无苛政，民无怀慝；敦崇帝族，表继绝世，旧德前功，罔不咸秩，虽伊尹格于皇天，周公光于四海，方之蔑如[4]也。

注　释

　　①显谋：英明的谋略。

　　②背诞：违背命令，放诞妄为。

　　③献馘（guó）：古时出战杀敌，割取左耳，以献上论功。馘，被杀者之左耳。亦泛指奏凯报捷。

　　④蔑如：微细，没有什么了不起；不如，不及。

以前董卓首先作乱，把国家推进灾难，各位州牧郡守放下本管区域的政务来拯救王室，您引导他们前进，首先进攻敌军，这是您忠于本朝的表现啊。后来黄巾违犯天道，侵扰我三州，祸乱连累到百姓，您又打败他们，安定了东夏，这又是您的功劳啊。韩暹、杨奉专擅朝政您就讨伐他们，消除他们制造的灾难，把朝廷迁到许都，建造京城重地，设置官府，开始祭祀，不遗弃应有的典礼制度，天地鬼神于是获得安宁，这又是您的功劳。袁术僭称帝号，在淮南胡作非为，但畏惧您的神威，您运用伟大英明谋略，蕲阳战役，桥蕤被杀，威势南指，袁术毙命，党羽溃散，这又是您的功劳。回师东征，吕布正法，战车将返，张杨丧命，眭固伏罪，张绣来降，这又是您的功劳。袁绍叛逆扰乱天道，阴谋颠覆社稷，凭恃他兵多，发动军队进犯朝廷，当这时候，国家兵力薄弱，上下恐惧，谁也没有坚定信心，您坚守保卫朝廷的大原则，精诚感动上天，发挥您的武威，运用您的神妙策略，亲临官渡，大歼叛贼，把我国家从危亡中拯救出来，这又是您的功劳。挥师渡大河，开拓疆域，平定四州，袁谭、高干都被杀头，海盗奔逃，黑山归顺，这又是您的功劳啊。三支乌丸，作乱两世，袁尚投奔他们，占据塞北，威胁中原，您包裹马脚，挂牢车子，以防跌滑，穿隘过险，一战就消灭了他们，这又是您的功劳啊。刘表违抗朝廷，放纵胡为，不履行对朝廷的义务，王师出发，威风先到，百城八郡，屈膝投降，这又是您的功劳啊。马超、成宜狼狈为奸，占据黄河、潼关，企图作恶逞凶，您在渭南把他们打垮，献上万颗首级，接着平定边境，安抚戎、狄并与他们和好，这又是您的功劳啊。鲜卑、丁零通过几层翻译也来朝见，单于白屋也愿意臣服，愿意纳贡，这又是您的功劳啊。您有平定天下的大功，又有完美的德性，您理顺全国上下的社会政治秩序，倡导美好风俗，普遍而辛勤地施行教诲，顾惜民命，审慎处理刑狱，官吏不施残暴，百姓不怀恶意，诚恳地尊崇帝族，显扬、接续中断的封爵，以前有功有德的人，没有谁没有得到应有的安排，即使伊尹功勋上感皇天，周公业绩光照四海，也全都赶不上您。

原文

　　朕闻先王并建明德，胙^①之以土，分之以民，崇其宠章，备其礼物，所以藩卫王室，左右厥世也。其在周成，管、蔡不静，惩难念功，乃使邵康公赐齐太公履，东至于海，西至于河，南至于穆陵，北至于无棣，五侯九伯，实得征之，世祚太师，以表东海。爰及襄王，亦有楚人不供王职，又命晋文登为侯伯，锡以二辂、虎贲、铁钺、秬鬯、弓矢，大启南阳，世作盟主。故周室之不坏，緊^②二国是赖。今君称丕显德，明保朕躬，奉答天命，导扬弘烈，绥爰九域，莫不率俾，功高于伊、周，而赏卑于齐、晋，朕甚恶焉。朕以眇眇之身，托于兆民之上，永思厥艰，若涉渊冰，非君攸济，朕无任焉。今以冀州之河东、河内、魏郡、赵国、中山、常山、钜鹿、安平、甘陵、平原凡十郡，封君为魏公。锡君玄土，苴以白茅，爰契尔龟，用建冢社。昔在周室，毕公、毛公入为卿佐，周、邵师保出为二伯，外内之任，君实宜之。其以丞相领冀州牧如故，又加君九锡其敬听朕命。以君经纬礼律，为民轨仪，使安职业，无或迁志，是用锡君大辂、戎辂各一，玄牡二驷。君劝分务本，稑人昏作，粟帛滞积，大业惟兴，是用锡君衮冕之服，赤舄^③副焉。君敦尚谦让，俾民兴行，少长有礼，上下咸和，是用锡君轩县之乐、六佾之舞。君翼宣风化，爰发四方，远人革面，华夏充实，是用锡君朱户以居。君研其明哲，思帝所难，官才任贤，群善必举，是用锡君纳陛以登。君秉国之钧，正色处中，纤毫之恶，靡不抑退，是用锡君虎贲之士三百人。君纠虔天刑，章厥有罪，犯关干纪，莫不诛殛，是用锡君鈇钺各一。君龙骧虎视，旁眺八维，掩讨逆节，折冲^④四海，是用锡君彤弓一、彤矢百，玈弓十、玈矢千。君以温恭为基，孝友为德，明允笃诚，感于朕思，是用锡君秬鬯^⑤一卣，珪瓒^⑥副焉。魏国置丞相已下群卿百僚，皆如汉初诸侯王之制。君往钦哉，敬服朕命，简恤尔重，时亮庶功，用终尔显德，对扬我高祖之休命^⑦。

①胙：赐与；分封。

②繄（yī）：惟；只。

③赤舄（xì）：古代天子、诸侯所穿的鞋。赤色，重底。

④折冲：克敌制胜。

⑤秬鬯（jù chàng）：古代以黑黍和郁金酿造的酒，用于祭祀降神及赏赐有功的诸侯。

⑥珪瓒（guī zàn）：指玉柄的酒器。

⑦休命：美善的命令。多指天子或神明的旨意。

译文

朕听说先王都分封德高功大的人为诸侯，赐给他们土地，分给他们人民，增高他们的荣誉，完备他们用以显示特权的礼器，为的是让他们能保卫王室，辅佐朝廷。在周成王时，管叔、蔡叔作乱，叛乱平定以后，吸取叛乱教训，想念有功之臣，于是派邵康公向齐太公授权：在东到海、西到河、南到穆陵、北到无棣的范围之内，大小诸侯有过错，齐太公都有权征讨。把这权利世世赐予太师，使齐成为显赫于东方的大国。到襄王时，也有楚人不对周王尽义务的事发生，又命令晋文公担任侯伯，赐予他二辂、虎贲、铁钺、秬鬯、弓矢，开辟南阳大片土地，世世代代做诸侯盟主。所以周室没有灭亡，就是因为有二国可以依赖。现在您发挥大德，保卫朕的安全，顺应天命，发展大业，平定全国，没有谁不服从，功劳比伊尹、周公还高，而奖赏比齐、晋要低，朕很惭愧。我是一个渺小的人，高居万民之上，常想做皇帝的艰难，就像走近了深渊，就像在薄薄的冰面上行走，不是您帮我走过去，我没有人可以依靠。现在以冀州的河东、河内、魏郡、赵国、中山、常山、钜鹿、安平、甘宁陵、平原共十郡，封您为魏公。赐予您黑红色的土，用白茅包上，您可以去占卜吉日，建您魏国的社稷。过去在周朝时，毕公、毛公身有封国但又入朝任辅佐周王的卿，周公、召公以朝廷太师太保身分出朝兼为诸侯之伯，这种朝内朝外的重任，您都能同时担当起来。我命令您以丞相身分兼任冀州牧像原来一样，再加赐您九锡，希望您听从我的命令。考虑到您筹建制度，为人民提供行动规范，使民安居乐业，没有二心，因此赐予您大辂、戎辂各一辆、黑红色的马八匹。您鼓励农业，农民耕作努力，粮食丝帛都有积存，国家事业因而兴盛，因此赐予您衮服冕服，再配上一双赤舄。您提倡谦让，并使人民实际去做，因而年龄大年龄小的都讲礼貌，社会上下一片和谐，因此赐予您轩悬之车、六佾之舞。您辅佐朝廷发扬汉朝风俗教化，直达四方，使远方民族改变精神面貌，中原精神生活更加充实，因此赐予您用朱红颜色漆门的特权。您深明道理，思念皇帝的困难，把有才能的人任用为官，把善良的人都提拔起来，因此赐予您在殿前纳陛的特权。您执掌国家大政，保持严肃公正、不偏不倚的态度，即使一点点小的坏人坏事，都不会不加压制、放逐，因此赐予您虎贲战士三百人。您严格按国家法律办事，揭露犯罪行为，触犯国法的，没有谁能逃脱惩处，因此赐予您鈇和钺各一件。您高瞻远瞩，明察八方，周密地讨伐逆贼，平息全国的叛乱，因此赐予您彤弓一张、彤矢百支、玈鈇弓一张、玈矢千支。您以温和恭敬为根本，孝顺友爱为美德，明智公平忠厚诚实，深深感动了我，因此赐予您秬鬯一卤，配上圭瓒。魏国设置丞相以下各种官职，都和汉初诸侯王的制度一样。慎重啊，您要大范围地普遍地关怀您的臣民，辅助他们做好各种事务，用这些行动来完成您的伟大功德，报答、颂扬我高祖传留下来的美好天命。

秋七月，始建魏社稷宗庙。天子聘公三女为贵人①，少者待年②于国。九月，作金虎台，凿渠引漳水入白沟以通河。冬十月，分魏郡为东西部，置都尉。十一月，初置尚书、侍中、六卿。

马超在汉阳，复因羌、胡为害，氐王千万叛应超，屯兴国，使夏侯渊讨之。

①贵人：皇帝妃嫔封号之一。东汉光武帝时始置，为最高位妃嫔称号，仅次于皇后。

②待年：谓女子待年长而聘。

译　文

秋七月，曹公开始建立魏国的社稷宗庙。天子聘魏公的三个女儿为贵人，岁数还小的，就暂且留在魏国等待到达结婚年龄。九月，建造金虎台，凿渠引漳水进入白沟以通达黄河。冬十月，分魏郡为东西部，设置都尉管辖。十一月，开始设置尚书、侍中、六卿官职。

马超在汉阳又联合羌、胡作乱，氐王千万反叛朝廷响应马超，在兴国驻兵。魏公派夏侯渊讨伐马超。

原　文

十九年春正月，始耕籍田①。南安赵衢、汉阳尹奉等讨超，枭其妻子，超奔汉中。韩遂徙金城，入氐王千万部，率羌、胡万余骑与夏侯渊战。击，大破之，遂走西平。渊与诸将攻兴国，屠之。省安东、永阳郡。

安定太守毋丘兴将之官，公戒之曰："羌、胡欲与中国通，自当遣人来，慎勿遣人往。善人难得，必将教羌、胡妄有所请求，因欲以自利；不从便为失异俗②意，从之则无益事。"兴至，遣校尉范陵至羌中，陵果教羌，使自请为属国都尉。公曰："吾预知当尔，非圣也，但更事多耳。"

注　释

①籍田：亦称"藉田"。古代吉礼的一种。即孟春正月，春耕之前，天子率诸侯亲自耕田的典礼。

②异俗：风俗不同，指异域，或荒僻地区。

　　建安十九年春正月，魏公开始举行"耕籍田"礼。南安赵衢、汉阳尹奉等讨伐马超，斩了马超妻子、儿子的头，马超逃奔汉中。韩遂转徙到金城，又进入氏王千万的部落，率领羌、胡一万多骑兵和夏侯渊交战。夏侯渊出击，大败韩遂，韩遂逃奔西平。夏侯渊和诸将攻兴国，屠杀了兴国军民。朝廷撤销了安东、永阳郡。

　　安定太守毋丘兴将去赴任，魏公告诫他说："羌、胡想和中国交往，自然会派人来联系，你千万不要先派人到羌、胡中去联系。善良人难找到，不善良人一定会教羌、胡乱提要求，他们乘机从中取利。不听从要求，就错失了羌、胡求好的美意；听了要求，则对事情没有好处。"毋丘兴到任，派遣校尉范陵进入羌中，范陵果然给羌人出主意，叫他们自己提出要当属国都尉。魏公说："我预先就知道会出这样事了，不是我聪明，是我经历的事情多罢了。"

原　文

　　三月，天子使魏公位在诸侯王上，改授金玺、赤绂①、远游冠。

　　秋七月，公征孙权。

　　初，陇西宋建自称河首平汉王，聚众枹罕，改元，置百官，三十余年。遣夏侯渊自兴国讨。冬十月，屠枹②罕，斩建，凉州平。

　　公自合肥还。

　　十一月，汉皇后伏氏坐昔与父故屯骑校尉完书，云帝以董承被诛怨恨公，辞甚丑恶。发闻，后废黜死，兄弟皆伏法。

注　释

　　①绂（fú）：同"黻"。指古代系印纽的丝绳，亦指官印。古代作祭服的蔽膝，缝于长衣之前，为祭服的服饰。周制帝王、诸侯及诸国的上卿皆着朱绂（即赤绂）。

②枹（fú）：古地名，在今甘肃省临夏县附近地区。

译　文

　　三月，天子命令把魏公位次排列在诸侯王的前面，改授金玺、赤绂、远游冠。秋七月，魏公出征孙权。

　　当初，陇西宋建自称河首平汉王，在枹罕聚集部队，改纪元，设置百官，达三十多年。魏公派夏侯渊从兴国出发去征讨。冬十月，屠杀枹罕军民，斩宋建，凉州平定。魏公从合肥返回。

　　十一月，汉皇后伏氏，过去因给她的以前任过屯骑校尉的父亲伏完写信，信中说皇帝因为董承被杀而怨恨魏公，语句恶毒，事情被人揭发，因此获罪。皇后被废黜杀死，皇后兄弟也被杀死。

原　文

　　十二月，公至孟津。天子命公置旄头①，宫殿设钟虡②。乙未，令曰："夫有行之士未必能进取，进取之士未必能有行也。陈平岂笃行③，苏秦岂守信邪？而陈平定汉业，苏秦济弱燕。由此言之，士有偏短，庸可废乎！有司明思此义，则士无遗滞，官无废业矣。"又曰："夫刑，百姓之命也，而军中典狱者或非其人，而任以三军死生之事，吾甚惧之。其选明达法理者，使持典刑。"于是置理曹掾属。

　　二十年春正月，天子立公中女为皇后。省云中、定襄、五原、朔方郡，郡置一县领其民，合以为新兴郡。

注　释

　　①旄头：古代皇帝仪仗中一种担任先驱的骑兵。

　　②钟虡（jù）：饰以猛兽形象的悬乐钟的格架。

　　③笃行：行为淳厚，纯正踏实。

译　文

　　十二月，魏公到孟津。天子命令魏公在出行仪仗队中配置旄头骑兵，宫殿中设置钟虡。已未日，魏公下令说："一般地说，品行好的，未必能有所作为；有所作为的，未必品行好。陈平难道厚道，苏秦难道守信吗？但陈平奠定了汉朝基业，苏秦扶助了弱小的燕国。这样说来，士人有缺点，能废弃不用吗？主管部门要是明白这个道理，那么贤士就不会被遗漏丢弃，官府也就不会耽误工作了。"又说："一般说来，刑律，是百姓的生命线啊。但军中负责刑律的，有时不是合适人选，就这样把三军生死大权交给他，我很害怕。希望选择明白法律道理的人，让他主持刑法事务。"于是，设置理曹掾属。

建安二十年春正月，天子立魏公二女儿为皇后。撤销云中、定襄、五原、朔方郡，在每郡原来辖区设置一个县，管理当地居民，合并原四个郡为一个新兴郡。

原文

三月，公西征张鲁。至陈仓，将自武都入氐。氐人塞道，先遣张郃、朱灵等攻破之。夏四月，公自陈仓以出散关，至河池。氐王窦茂众万余人，恃险不服。五月，公攻屠之。西平、金城诸将麹演、蒋石等共斩送韩遂首。秋七月，公至阳平。张鲁使弟卫与将杨昂等据阳平关，横山筑城十余里，攻之不能拔，乃引军还。贼见大军退，其守备①解散。公乃密遣解慓、高祚等乘险夜袭，大破之，斩其将杨任。进攻卫，卫等夜遁，鲁溃奔巴中。公军入南郑，尽得鲁府库珍宝。巴、汉皆降。复汉宁郡为汉中；分汉中之安阳、西城为西城郡，置太守；分锡、上庸郡，置都尉。

注释

①守备：防御；防备。

译文

三月，魏公西征张鲁，到陈仓，将要从武都进入氐，氐人挡住道路。魏公先派出张郃、朱灵等打败了氐人。夏四月，魏公从陈仓出散关，到河池。氐王窦茂兵有一万多人，凭仗有险可守，拒不投降。五月，魏公进攻并屠杀了氐人。西平、金城诸将麹演、蒋石等人共同斩了韩遂首级送给魏公。秋七月，魏公到阳平。张鲁派弟弟张卫和将军杨昂等据守阳平关，在山腰筑城十多里，魏公攻不破，于是带兵回撤。贼见大军后退，守备就松解了。魏公趁机秘密派遣解慓、高祚等穿越险要地段，在夜间发起进攻，大败张鲁军队，斩了张鲁将领杨任。进攻张卫，张卫在黑夜中逃走。张鲁军队溃散，逃往巴中。魏公军队进入南郑，缴获了张鲁库藏的全部珍宝。巴和汉地区全都归降。把汉宁郡恢复为汉中郡，分出汉中郡的安阳县、西城县组成西城郡，设置太守。分锡、上庸为上庸郡，设置都尉。

原文

八月，孙权围合肥，张辽、李典击破之。

九月，巴七姓夷王朴胡、賨①邑侯杜濩举巴夷、賨民来附，于是分巴郡，以胡为巴东太守，濩为巴西太守，皆封列侯。天子命公承制封拜诸侯守相②。

冬十月，始置名号侯至五大夫，与旧列侯、关内侯凡六等，以赏军功。

十一月，鲁自巴中将其余众降。封鲁及五子皆为列侯。刘备袭刘璋，取益州，遂据巴中。遣张郃击之。

十二月，公自南郑还，留夏侯渊屯汉中。

注释

①賨（cóng）：秦汉时期四川、湖南等地少数民族所缴的一种赋税。亦指这些少数民族。

②守相：代理丞相。

译文

八月，孙权围合肥，张辽、李典打败了他。

九月，巴人七姓戎王朴胡、賨邑侯杜濩带巴夷、賨民来归附。于是分开巴郡，以朴胡为巴东太守，杜濩为巴西太守，都封为列侯。天子命令魏公可以秉承皇帝旨意分封诸侯，任命太守、国相。

冬十月，开始设置名号侯到五大夫，连同旧有的列侯、关内侯，共六等，用于奖赏军功。

十一月，张鲁从巴中带着残余兵力来投降，张鲁和五个儿子都被封为列侯。刘备袭击刘璋，夺取益州，接着占有巴中。魏公派张郃去攻打刘备。

建安十二月，魏公从南郑返回，留夏侯渊驻扎汉中。

原文

二十一年春二月，公还邺。三月壬寅，公亲耕籍田。夏五月，天子进公爵为魏王。代郡乌丸行单于普富卢与其侯王来朝。天子命王女为公主，食汤沐邑①。秋七月，匈奴南单于呼厨泉将其名王来朝，待以客礼，遂留魏，使右贤王去卑监其国。八月，以大理钟繇为相国。冬十月，治兵，遂征孙权，十一月至谯。

注释

①汤沐邑：源于周代的制度，是指诸侯朝见天子，天子赐以王畿以内的、供住宿和斋戒沐浴的封邑。后指国君、皇后、公主等受封者收取赋税的私邑。而贵族受封的汤沐邑，则是一种食邑制度。

译文

二十一年春二月，魏公回邺。三月壬寅日，魏公亲耕籍田。夏五月，天子把魏公进爵为魏王。代郡乌丸行单于普富卢和他部下的侯王来朝。天子下令让魏王女儿称公主，享受汤沐邑。秋七月，匈奴南单于呼厨泉带着部下名王来朝，魏王用客礼接待他，接着把他留在魏国，派右贤王去卑监匈奴国。八月，魏王以大理寺钟繇为相国。冬十月，魏王整训部队，接着出发征讨孙权，十一月，魏王到达谯县。

原文

二十二年春正月，王军居巢。二月，进军屯江西郝溪。权在濡须口①筑城拒守，遂逼攻之，权退之。三月，王引军还，留夏侯惇、曹仁、张辽等屯居巢。

夏四月。天子命王设天子旌旗，出入称警跸②。五月，作泮宫。六月，以军师华歆为御史大夫。冬十月，天子命王冕十有二旒，乘金根车③，驾六马，设五时副车；以五官中郎将丕为魏太子。

刘备遣张飞、马超、吴兰等屯下辩④。遣曹洪拒之。

注释

①濡须口：指濡须山和七宝山之间的水口。濡须山在今含山县东关镇境，临河设关谓东关；七宝山在今无为县黄龙乡境，临河设关谓西关。两山对峙，形势险要，为巢湖的出口，曾为吴魏相争的古战场。

②警跸：古代帝王出入时，于所经路途侍卫警戒，清道止行。

③金根车：以黄金为饰的车。帝王所乘。④下辩：古地名。治所在今甘肃成县。

译文

建安二十二年春正月，魏王驻扎居巢。二月，进军驻扎江西郝溪。孙权在濡须口筑城拒守，于是魏王进逼攻打，孙权后退逃走。三月，魏王带兵回返，留夏侯惇、曹仁、张辽等驻屯居巢。

夏四月，天子命令魏王设置天子旌旗，出入称警跸。五月，建造泮宫。六月，魏王以军师华歆为御史大夫。冬十月，天子命令魏王冕上悬垂十二枚旒，乘坐金根车，驾六匹马，配设五时副车；以五官中郎将曹丕为魏国太子。

刘备派遣张飞、马超、吴兰等驻屯下辩，魏王派遣曹洪去对抗。

原文

二十三年春正月，汉太医令吉本与少府耿纪、司直韦晃等反，攻许，烧丞相长史王必营。必与颍川典农中郎将严匡讨斩之。

曹洪破吴兰，斩其将任夔等。三月，张飞、马超走汉中，阴平氐强端斩吴兰，传其首。夏四月，代郡、上谷乌丸无臣氐等叛，遣鄢陵侯彰讨破之。

六月，令曰："古之葬者，必居瘠薄之地。其规西门豹祠西原上为寿陵，因高为基，不封不树①，周礼冢人掌公墓之地，凡诸侯居左右以前，卿大夫居后，汉制亦谓之陪陵。其公卿大臣列将有功者，宜陪寿陵，其广为兆域②，使足相容。"

秋七月，治兵，遂西征刘备。九月，至长安。

冬十月，宛守将侯音等反，执南阳太守，劫略民，吏保宛。初，曹仁讨关羽，屯樊城，是月使仁围宛。

注释

①不封不树：既不封土堆，也不种植树木以为标志。封，起坟；树，植树。

②兆域：墓地四周的疆界，亦以称墓地。

译文

建安二十三春正月，汉太医令吉本和少府耿纪、司直韦晃等造反，进攻许都，烧丞相长史王必的军营。王必和颍川典农中郎将严匡攻杀了吉本等人。

曹洪打败吴兰，杀死吴兰将领任夔等人。三月，张飞、马超逃往汉中。阴平氐人强端杀了吴兰，把首级送给朝廷。夏四月，代郡、上谷乌丸无臣氐等人反叛，魏王派遣鄢陵侯曹彰去打败了他们。

六月，魏王下令说："古代埋葬死者，一定要找瘠薄的地方去埋。现命令划出西门豹祠西边原上的一片地，来建造我的寿陵，就以原地高度为基点，不堆坟丘，不栽树为标志。《周礼》上说，冢人掌管公墓土地，凡是诸侯都葬在王墓左右两侧的前方，卿大夫在后方，汉朝制度也叫做陪陵。现决定有功的公卿大臣列将，死后陪葬我的寿陵。把寿陵墓地规划得广阔一些，让陪葬的容纳得下。"

秋七月，魏王训练部队，接着西征刘备。九月，到达长安。

冬十月，宛县守将侯音等人造反，逮捕南阳太守，掳略官民，据守宛县。在这之前，曹仁奉命讨伐关羽，屯驻樊城。这个月，魏王派曹仁包围宛县。

原文

二十四年春正月，仁屠宛，斩音。

夏侯渊与刘备战于阳平，为备所杀。三月，王自长安出斜谷，军遮要以临汉中，遂至阳平。备因险拒守。

夏五月，引军还长安。

秋七月，以夫人卞氏为王后。遣于禁助曹仁击关羽。八月，汉水溢，灌禁军，军没，羽获禁，遂围仁。使徐晃救之。九月，相国钟繇坐西曹掾魏讽反免。

冬十月，军还洛阳。孙权遣使上书，以讨关羽自效①。王自洛阳南征羽，未至，晃攻羽，破之，羽走，仁围解。王军摩陂②。

注释

①自效：愿为别人或集团贡献自己的力量或生命。

②摩陂：古地名，在河南郏县东南，亦名龙陂。

译文

建安二十四年春正月，曹仁屠杀宛县军民，杀了侯音。

夏侯渊与刘备在阳平交战，被刘备杀了。三月，魏王从长安出发，经过斜谷派军队占据了军事要地，进军汉中，接着又到阳平。刘备利用险要地势据守抵抗。

夏五月，魏王带兵回长安。秋七月，魏王以夫人卞氏为王后。魏王派于禁帮助曹仁进攻关羽。八月，汉水泛滥，淹了于禁军队，于禁军队全部溃散。关羽捉了于禁，接着包围曹仁。魏王派徐晃救曹仁。

九月，魏相国钟繇因为西曹掾魏讽造反而获罪，被免职。冬十月，魏王大军回洛阳。孙权送来书信，愿以讨伐关羽作为对朝廷的报效。魏王从洛阳南征关羽，还未到前线，徐晃已经打败了关羽，关羽逃走，曹仁被解围。魏王驻扎摩陂。

原文

二十五年春正月，至洛阳。权击斩羽，传其首。

庚子，王崩于洛阳，年六十六。遗令曰："天下尚未安定，未得遵古①也。葬毕，皆除服②。其将兵屯戍者，皆不得离屯部。有司各率乃职。敛以时服，无藏金玉珍宝。"谥曰武王。二月丁卯，葬高陵。

注释

①遵古：遵从古代礼制。

②除服：亦称"除丧""脱服"。俗称"脱孝"。古代丧礼仪式之一，即除去丧礼之服，改穿常服。

译文

建安二十五年春正月，魏王到达洛阳。孙权攻杀了关羽，把关羽首级传送给朝廷。

庚子日，魏王在洛阳去世，享年六十六岁。留下遗令说："天下还没安定，还不能够一切遵从古代礼制办事。埋葬以后，全部除去孝服。那些带兵驻扎戍守的，都不许离开驻屯地。各部门官吏照常做自己的本职事情。用现在流行穿用的服装装敛，不要陪葬金玉珍宝。"魏王被谥为武王。二月丁卯日，葬于高陵。

原文

评曰：汉末，天下大乱，雄豪并起，而袁绍虎视四州，强盛莫敌。太祖运筹演谋①，鞭挞②宇内，揽申、商之法术，该③韩、白之奇策，官方授材，各因其器，矫情④任算，不念旧恶，终能总御皇机，克成洪业者，惟其明略⑤最优也。抑可谓非常之人、超世之杰矣。

注 释

①运筹演谋：筹划情况，拟订作战策略。

②鞭挞：驾驭，征服。

③该：古同"赅"，完备。

④矫情：故意违反常情，表示高超或与众不同。任算：进行谋算，施用计谋。

⑤明略：高明的智谋。

译 文

评曰：汉朝末年，天下大乱，英雄豪杰同时兴起，而袁绍占有四州，虎视眈眈，强盛无敌。太祖运用计谋，征讨天下，采纳申不害、商鞅的法术，兼用韩信、白起的奇谋，把官职授予有知识有才能的人，根据本人情况授予不同官职，控制感情，重视计谋，不记旧仇，终于能全面掌握大权，完成建国大业的原因，在于他有英明的谋略啊。他可以称得上是非常之人、盖世的英杰了。

魏文帝纪

原　文

文皇帝讳丕，字子桓，武帝太子也。中平四年冬，生于谯。建安十六年，为五官中郎将、副丞相。二十二年，立为魏太子。太祖崩，嗣位为丞相、魏王。尊王后曰王太后。改建安二十五年为延康元年。

元年二月壬戌，以大中大夫贾诩为太尉，御史大夫华歆为相国，大理王朗为御史大夫。置散骑常侍、侍郎各四人。其宦人为官者不得过诸署令，为金策①著令②，藏之石室。

注　释

①金策：古代记载大事或帝王诏命的连编金简。

②著令：书面写定的规章制度。

译　文

魏文帝曹丕，字子桓，是武帝曹操的太子。东汉灵帝中平四年冬季，生于谯县。汉献帝建安十六年，被任命为五官中郎将，成为丞相曹操处理军国事务的副手。建安二十二年，被立为魏王太子。曹操去世后，他继位为丞相、魏王，把自己的母亲、魏王后卞氏尊称为王太后。同时，把建安二十五年改为延康

▲ 曹　丕

64

元年。

延康元年二月壬戌，任命大中大夫贾诩为太尉，御史大夫华歆为相国，大理王朗为御史大夫。设置散骑常侍、散骑侍郎各四人。规定后宫宦官担任官职，不得超过诸署的署令，把这命令用黄金制成的简策记录下来，收藏在石室中。

原文

初，汉熹平五年，黄龙①见谯，光禄大夫桥玄问太史令单飏："此何祥也？"飏曰："其国后当有王者兴，不及五十年，亦当复见。天事恒象，此其应也。"内黄殷登默而记之。至四十五年，登尚在。三月，黄龙见谯，登闻之曰："单飏之言，其验兹乎！"

己卯，以前将军夏侯惇为大将军。濊貊、扶余单于、焉耆、于阗王皆各遣使奉献。夏四月丁巳，饶安县言白雉见。庚午，大将军夏侯惇薨。五月戊寅，天子命王追尊皇祖太尉曰太王，夫人丁氏曰太王后，封王子睿为武德侯。是月，冯翊山贼郑甘、王照率众降，皆封列侯。酒泉黄华、张掖张进等各执太守以叛，金城太守苏则讨进，斩之，华降。六月辛亥，治兵于东郊。庚午，遂南征。

注释

①黄龙：应龙，名叫庚辰。应龙庚辰在星宿崇拜中被认为是中央七宿，是东方青龙、西方白虎、北方玄武、南方朱雀，五方七宿中唯一后天所成的星宿。

②濊貊（huì mò）：中国古代东北南部地区和汉四郡故地的古老的地区部族，又称貊、貉貊、秽貉或藏貊。

译文

起初，东汉灵帝熹平五年，有黄龙出现在谯县，光禄大夫桥玄为此询问太史令单飏说："这是什么祥瑞呢？"单飏回答说："在这个地方以后会有王者兴起，不到五十年，黄龙还会再度出现。上天安排的事情都会有预兆的，这就是与天意相对应的。"内黄人殷登暗自把这件事记下来。过了四十五年，殷登还活着。这年三月，又有黄龙出现在谯县，殷登听到后说："单飏的预言，大概就应验在这里了。"

三月己卯，任命前将军夏侯惇为大将军。涉貊单于、扶余单于、焉耆王、于阗王等都分别派遣使者前来进奉贡品。夏季四月丁巳，饶安县上书报告说有白雉出现。庚午，大将军夏侯惇去世。五月戊寅，东汉献帝命令魏王曹丕为祖父太尉曹嵩追加尊号，称太王，称曹嵩夫人丁氏为太王后。同时，封曹丕的儿子曹睿为武德侯。本月，冯翊山贼郑甘、王照率领部众归降朝廷，都被封为列侯。酒泉人黄华、张掖人张进各自捉住本郡太守，背叛朝廷。金城郡太守苏则讨伐张进，将张进杀死，黄华投降。六月辛亥，在邺城东郊操练军队。庚午，曹丕率大军出发，向南征伐吴国。

原文

秋七月庚辰，令曰："轩辕有明台①之议，放勋有衢室之问②，皆所以广询于下也。百官有司，其务以职尽规谏，将率陈军法，朝士明制度，牧守申政事，缙绅考六艺，吾将兼览焉。"

孙权遣使奉献。蜀将孟达率众降。武都氐王杨仆率种人内附，居汉阳郡。

甲午，军次③于谯，大飨六军及谯父老百姓于邑东。八月，石邑县言凤凰集。

冬十月癸卯，下令曰："诸将征伐，士卒死亡者或未收敛，吾甚哀之。其告郡国给槥椟④殡敛，送至其家，官为设祭。"丙午，行至曲蠡。

注释

①明台：传说为黄帝听政之所。

②衢室之问：指尧在听政之所询问民意。

③次：驻扎。

④槥椟（huì dú）：小棺材，亦泛指棺材。

秋季，七月庚辰，曹丕下令说："黄帝在明台听取贤人的议论，尧在道路边修建房屋，以便听到百姓的谈话，都是去广泛征询下面的意见。朝廷各部门的官员，都要尽到进行规谏的职责，将帅们可以谈论军务、军纪，朝士们议论制度，地方长官报告政务，士大夫们考察六艺，我都要详细审看。"

孙权派遣使者前来进奉贡品。蜀国大将孟达率领部众归降魏国。氐人武都部落首领杨仆率领部落归附魏国，内迁到汉阳郡居住。

甲午，曹丕统帅大军抵达故乡谯县，在东郊为随行军队及谯县的父老百姓举行盛宴。八月，石邑县上书报告，说有凤凰聚集。

冬十月癸卯，曹丕下令说："诸将领在进行征伐时，战死的士兵有的还没有被埋葬，我对此很怜悯。命令各郡、国预备棺材，把战死士兵装入棺内，送回他的家中，由官府为他安排祭礼。"丙午，曹丕率军抵达曲蠡。

原文

汉帝以众望在魏，乃召群公卿士，告祠高庙，使兼御史大夫张音持节奉玺绶禅位，册曰："咨尔魏王，昔者帝尧禅位于虞舜，舜亦以命禹，天命不于常，惟归有德。汉道陵迟①，世失其序，降及朕躬，大乱兹昏，群凶肆逆，宇内颠覆。赖武王神武，拯兹难于四方，惟清区夏，以保绥我宗庙，岂予一人获乂，俾九服实受其赐。今王钦承前绪，光于乃德，恢文武之大业，昭尔考之弘烈。皇灵降瑞，人神告徵，诞惟亮采，师锡朕命，金曰尔度克协于虞舜，用率我唐典，敬逊尔位。于戏②！天之历数在尔躬，允执其中③，天禄永终；君其祗顺大礼，飨兹万国，以肃承天命。"乃为坛于繁阳。庚午，王升坛即阼，百官陪位。事讫，降坛，视燎成礼而反。改延康为黄初，大赦。

注释

①陵迟：渐趋衰败。

②于戏：同"呜呼"，对不幸的事表示叹息、悲痛等。

③允执其中：即允执厥中，指言行不偏不倚，符合中正之道。

译文

汉献帝因为群臣都已依附魏王曹丕，于是召集朝中众官员，祭祀汉高祖刘邦庙，并禀告祖先，命令兼任御史大夫张音持节把皇帝的御玺、绶带进献给曹丕，表示把皇帝的位置让给曹丕。诏书说："告诉魏王：从前帝尧让位给虞舜，舜又让位给大禹，上天的意旨并不固定不变，只是由有德望的人来进行统治。汉朝的统治衰败已久，天下失去正常的秩序，到我这一代，战乱更加严重，许多凶暴之人横行肆虐，汉朝的统治已经被颠覆。幸亏武王曹操英明神武，把天下从这场灾难中拯救出来，重新安定，保护了汉朝的宗庙、社稷，不仅是我一个人享受太平，实在是天下人都受到他的恩德。现在魏王曹丕继承父亲的事业，加以发扬光大，恢复周文王、周武王的大业，发展您父亲的宏图大计。上天降下祥瑞，人、神都提出预兆，建立了显赫的业绩。大家献言，让我下达命令，都指出您的品德才干与虞舜相同。因此，我遵循尧的作法，把皇帝的位置恭敬地让给您，呜呼！上天已把使命交付给您，运用得当，就能保天禄。请您恭顺大礼，治理天下万国，以上承天命。"于是，为曹丕在繁阳修筑举行即位仪式的高坛。十月庚午，魏王曹丕登上高坛，正式接受皇帝称号，朝廷大臣都参加了即位仪式。仪式完毕后，曹丕下坛，燃火祭祀天地山川，然后返回宫殿。改延康元年为黄初元年，大赦天下。

原文

黄初元年十一月癸酉，以河内之山阳邑万户奉汉帝为山阳公，行汉正朔，以天子之礼郊祭①，上书不称臣，京都有事于太庙，致胙；封公之四子为列侯。追尊皇祖太王曰太皇帝，考武王曰武皇帝，尊王太后曰皇太后。赐男子爵人一级，为父后及孝悌力田人二级。以汉诸侯王为崇德侯，列侯为关中侯。以颍阴之繁阳亭为繁昌县。封爵增位各有差。改相国为司徒，御史大夫为司空，奉常为太常，郎中令为光禄勋，大理为廷尉，大农为大司农。群国县邑，多所改易。更授匈奴南单于呼厨泉魏玺绶，赐青盖车、乘舆、宝剑、玉玦。十二月，初营洛阳宫。戊午，幸洛阳。

注 释

①郊祭：古代天子祭祀天、地、日、月的活动。祭天于南郊，时间为冬至，皇帝必须亲自去。祭地于北郊，时间为夏至，皇帝或亲去或派人去。祭日于东郊，祭月于西郊。统称为祭郊。祭祀之处分别为天坛、地坛、日坛、月坛。

译 文

黄初元年十一月癸酉，曹丕封汉献帝刘协为山阳公，把河内郡山阳县一万户百姓所居住的地方作为刘协的封地。在封地内，仍实行汉朝的年号，刘协可以用天子的规格祭祀天地，向皇帝上书时可以不称臣。当皇帝在京城祭祀太庙时，要赐予刘协祭肉。同时，封刘协的四个儿子为列侯。曹丕追尊祖父太王曹嵩为太皇帝，父亲武王曹操为武皇帝，尊称母亲武王太后卞氏为皇太后。赐予天下的男子每人进爵一级，继承父亲成为家长的、孝顺父母、尊敬兄长以及努力耕田的人进爵二级。把汉朝的诸侯王降封为崇德侯，列侯降封为关中侯。把颍阴的繁阳亭改为繁昌县。朝廷大臣分别受到增加爵位和晋升官职的赏赐。对官职名称进行改动：相国改为司徒、御史大夫改为司空、奉常改为太常、郎中令改为光禄勋、大理改为廷尉、大农改为大司农。郡、国、县及城镇的名称，也有很多改动。重新授予南匈奴单于呼厨泉魏国的玺印、绶带，赐给他青盖车、帝王用的乘舆、宝剑、玉玦等。十二月，开始修建洛阳宫。戊午，曹丕到达洛阳。

原 文

是岁，长水校尉戴陵谏不宜数行弋猎①，帝大怒，陵减死罪一等。
二年春正月，郊祀天地、明堂。甲戌，校猎至原陵，遣使者以太牢祠汉世祖。乙亥，朝日于东郊。初令郡国口满十万者，岁察孝廉②一人；其有秀异，无拘户口。辛巳，分三公户邑，封子弟各一人为列侯。壬午，复颍川郡一年田租。改许县为许昌县。以魏郡东部为阳平郡，西部为广平郡。

注释

①弋猎：射猎，狩猎。

②孝廉：汉武帝时设立的察举制考试中以任用官员的一种科目，取孝顺亲长、廉能正直之意。后来，"孝廉"这个称呼，也变成明朝、清朝对举人的雅称。

译文

这一年，长水校尉戴陵劝阻曹丕不要经常出去打猎，曹丕大怒，戴陵被判处比死罪轻一等的处分。

黄初二年春季正月，曹丕到郊外祭祀天地、明堂。甲戌，曹丕到原陵打猎，派遣使者用太牢的规格祭祀东汉光武帝刘秀。乙亥，在东郊举行朝日仪式。开始命令各郡、国户口在十万以上的，每年推荐孝廉一名；有特别优秀的人材，不受名额限制。辛巳，从三公的封地中划分出一块，各封他们的子弟一人为列侯，以那块划出来的土地为封地。壬午，免除颍川郡一年的田租。改许县为许昌县。把魏郡的东部改为阳平郡，西部改为广平郡。

原文

诏曰："昔仲尼资大圣之才，怀帝王之器，当衰周之末，无受命之运，在鲁、卫之朝，教化乎洙、泗之上，悽悽焉，遑遑焉，欲屈己以存道，贬身以救世。于时王公终莫能用之，乃退考五代之礼，修素王①之事，因鲁史而制《春秋》，就太师而正《雅》《颂》，俾千载之后，莫不宗其文以述作，仰其圣以成谋，咨！可谓命世之大圣，亿载之师表者也。遭天下大乱，百祀堕坏，旧居之庙，毁而不修；褒成之后，绝而莫继；阙里不闻讲颂之声，四时不睹蒸尝②之位，斯岂所谓崇礼报功，盛德百世必祀者哉！其以议郎孔羡为宗圣侯，邑百户，奉孔子祀。"令鲁郡修起旧庙，置百户吏卒以守卫之，又于其外广为室屋以居学者。

注释

①素王：孔子的别称。

②蒸尝：本指秋冬二祭，后泛指祭祀。

译文

曹丕下诏说："从前，孔子有大圣人的才干，怀有帝王的器度，但他生于衰败的周朝末期，没有受天命的机运。他在鲁国与卫国任职，在洙水和泗水流域进行教育，恓恓惶惶，想要委屈自己以保存自己的政治主张和思想，贬低自己的身分去拯救世人。当时，各国的王、公终究不能任用他，于是他就隐退去考证五代的礼仪制度，代替帝王立法，在鲁国史书的基础上编撰《春秋》，到乐官那里去改正《雅》《颂》，使得千年以后，全都按照他的文章进行写作，依靠他的圣明制定谋略。啊！真可称之为绝世的大圣人，可以作为万代的师表了。现在遭到天下大乱，各种祭祀活动都受到毁坏，他的旧居祭庙，也毁坏而无人修理；他的后裔在汉朝曾被封为褒成侯，但这个爵位现在也没有人继承；在他故乡阙里听不到讲解和诵读经书的声音，每年的四季也没有人进行祭祀，这怎么能称为尊崇礼敬，报答他对世人的恩德，符合百代以后也要祭祀对天下有大恩德人的制度呢？现在，任命议郎孔羡为宗圣侯，享有一百户的封地，作为孔子的后裔，负责按时祭祀。"命令鲁郡把孔子的旧祭庙重新修好，设置一百户官吏和士兵专门守卫祭庙，又在祭庙的外面大修房屋，供学者在那里居住、学习。

原文

三月，加辽东太守公孙恭为车骑将军。初复五铢钱。夏四月，以车骑将军曹仁为大将军。五月，郑甘复叛，遣曹仁讨，斩之。六月庚子，初祀五岳四渎①，咸秩群祀。丁卯，夫人甄氏卒。戊辰晦，日有食之，有司奏免太尉，诏曰："灾异之作，以谴元首，而归过股肱，岂禹、汤罪己之义乎？其令百官各虔厥职，后有天地之眚，勿复劾三公。"

秋八月，孙权遣使奉章，并遣于禁等还。丁巳，使太常邢贞持节拜权为大将军，封吴王，加九锡。冬十月，授杨彪光禄大夫。以谷贵，罢五铢钱。己卯，以大将军曹仁为大司马。十二月，行东巡。是岁，筑陵云台。

注释

①五岳四渎：代指名山大川。五岳指东岳泰山（现今山东）、西岳华山（现今陕西）、南岳衡山（现今湖南）、北岳恒山（现今山西）和中岳嵩山（现今河南）。四渎指长江、黄河、淮河、济水。

译文

三月，晋升辽东太守公孙恭为车骑将军。开始恢复五铢钱，可以作为货币在市上流通。夏四月，任命车骑将军曹仁为大将军。五月，郑甘再次反叛，派遣曹仁进行讨伐，杀死郑甘。六月庚子，开始祭祀五岳、四渎，规定各种祭祀的规格。丁卯，曹丕的夫人甄氏逝世。戊辰，出现日食。有关部门提出应该罢免太尉，曹丕下诏说："上天降下灾异，是对元首进行谴责，而把过错都推给辅政的大臣，怎么符合大禹、商汤归罪于自己的本意呢？现在，命令文、武百官各尽职守，以后天地出现灾异，不要再弹劾三公。"

秋八月，孙权派遣使者进奉表章，并送于禁等人回来。丁巳，曹丕命令太常邢贞持符节到江东拜孙权为大将军，封吴王，并赐予使用九种帝王御用器物的特权。冬十月，任命杨彪为光禄大夫。因为粮食价格过高，废止五铢钱的使用。己卯，任命大将军曹仁为大司马。十二月，曹丕向东方出巡。这一年，修筑陵云台。

三年春正月丙寅朔，日有蚀之。庚午，行幸许昌宫。诏曰："今之计、孝①，古之贡士也；十室之邑，必有忠信，若限年然后取士，是吕尚、周晋不显于前世也。其令郡国所选，勿拘老幼，儒通经术，吏达文法，到皆试用。有司纠故不以实者。"

二月，鄯善、龟兹、于阗王各遣使奉献，诏曰："西戎即叙②，氐、羌来王，《诗》《书》美之。顷者西域外夷并款塞③内附，其遣使者抚劳之。"是后西域遂通，置戊己校尉。

注释

①计、孝：考评官吏、推荐孝廉。

②即叙：即"即序"，就序；归顺。

③款塞：叩塞门。指异族诚意来到边界归顺，与"寇边"相对。

译文

黄初三年春正月丙寅朔，出现日食。庚午，曹丕到达许昌宫。下诏说："现在的计吏、孝廉，就是古代的贡士。十户人家的村镇，必定会有忠信之人，如果限制年龄然后选取人材，那么，姜子牙、周太子晋就不会在前代有显赫的业绩了。现在，命令各郡、国在选取人材时，不要限制老幼，只要儒士精通经术，吏士通晓文法，一到就可以试用。由有关部门来检举推荐不实的人。"

二月，鄯善、龟兹、于阗等国的国王各自派遣使者前来进献贡品。曹丕下诏说："西戎归附大禹，氐人、羌人服从周朝的统治，《诗经》《尚书》中都大为赞美。最近，西域各国的少数族统治者纷纷都来到边塞，请求归附，派遣使者去安抚、慰劳他们。"以后，与西域的联系再度恢复，设置戊己校尉。

原文

三月乙丑，立齐公睿为平原王，帝弟鄢陵公彰等十一人皆为王。

初制封王之庶子为乡公，嗣王之庶子为亭侯，公之庶子为亭伯。甲戌，立皇子霖为河东王。甲午，行幸襄邑①。夏四月戊申，立鄄城侯植为鄄城王。癸亥，行还许昌宫。五月，以荆、扬、江表八郡为荆州，孙权领牧故也；荆州江北诸郡为郢州。

①襄邑：秦至清代地名，今河南省睢县。

译 文

三月乙丑，曹丕封儿子齐公曹睿为平原王，同时，封自己的弟弟鄢陵公曹彰等十一人都为王。开始制定封王的庶子为乡公，嗣王的庶子为亭侯、公的庶子为亭伯的制度。甲戌，曹丕封儿子曹霖为河东王。甲午，曹丕出巡，到达襄邑。夏四月戊申，封鄄城侯曹植为鄄城王。癸亥，曹丕回到许昌宫。五月，把荆州、扬州在江南的八个郡称为荆州，是因为由孙权兼任荆州牧的原因；把荆州在长江以北的各郡改设为郢州。

原 文

闰月，孙权破刘备于夷陵。初，帝闻备兵东下，与权交战，树栅①连营七百余里，谓群臣曰："备不晓兵，岂有七百里营可以拒敌者乎！'苞原隰险②阻而为军者为敌所禽'，此兵忌也。孙权上事今至矣。"后七日，破备书到。

秋七月，冀州大蝗，民饥，使尚书杜畿持节开仓廪以振之。八月，蜀大将黄权率众降。九月甲午，诏曰："夫妇人与政，乱之本也。自今以后，群臣不得奏事太后，后族之家不得当辅政之任，又不得横受茅土之爵。以此诏传后世，若有背违，天下共诛之。"庚子，立皇后郭氏，赐天下男子爵人二级，鳏、寡③、笃、癃及贫不能自存者赐谷。

①树栅：构筑栅栏。

②苴原隰（xí）险阻：把大军铺开驻扎在地势过于复杂的大片地方，是完全违反军事学的错误措施。苴，草木茂盛的地方，视线易受阻。原，广阔平坦的地方，容易暴露目标。隰，低洼潮湿的地方，容易发生疾病瘟疫。险，险要不易通过的地方，容易被袭。阻，行动受阻碍的地方，容易被困。

③鳏（guān）寡：泛指没有劳动力而又没有亲属供养的人。笃癃：指年老衰弱多病的人。

闰六月，孙权在夷陵大败刘备统率的蜀军。起初，曹丕听说刘备统军东下，与孙权交战，建立营寨，绵延不断，有七百余里，就告诉大臣们说："刘备不懂得军事，哪里有七百里连营可以进攻敌人的！'在大片低洼和险要地区驻扎军队的，容易被敌人擒获'，这是兵法中的大忌。孙权报告战况的奏书就要到了。"过了七天，孙权击败刘备的奏书果然送到。

秋七月，冀州蝗灾严重，百姓饥饿，派尚书杜畿持符节打开官府粮库赈济饥民。八月，蜀军大将黄权率领部下投降魏国。九月甲午，曹丕下诏说："妇人干预政治，是祸乱的原因。从此以后，大臣们不得向太后奏报政事，外戚不能担任辅政的职务，也不能无故接受封爵。把这个诏书传到后世，如果有人违背，天下共诛之。"庚子，立郭氏为皇后，赐天下男子每人进爵二级，对鳏夫、寡妇、病重、有残疾以及贫困无法生活的人赐给粮食。

原　文

冬十月甲子，表首阳山东为寿陵，作终制曰："礼，国君即位为椑①，存不忘亡也。昔尧葬谷林，通树之；禹葬会稽，农不易亩，故葬于山林，则合乎山林。封树之制，非上古也，吾无取焉。寿陵因山为体，无为封树，无立寝殿，造园邑，通神道。夫葬也者，藏也，欲人之不得见也。骨无痛痒之知，冢非栖神之宅，礼不墓祭，欲存亡之不黩也，为棺椁足以朽骨，衣衾足以朽肉而已。故吾营此丘墟不食之地，欲使易代之后不知其处。无施苇炭，无藏金银铜铁，一以瓦器，合古涂车、刍灵之义。棺但漆际会三过，饭含无以珠玉，无施珠襦玉匣，诸愚俗所为也。季孙以玙璠敛，孔子历级而救之，譬之暴骸中原。宋公厚葬，君子谓华元、乐莒不臣，以为弃君于恶。汉文帝之不发，霸陵无求也；光武之掘，原陵封树也。霸陵之完，功在释之；原陵之掘，罪在明帝。是释之忠以利君，明帝爱以害亲也。忠臣孝子，宜思仲尼、丘明、释之之言，鉴华元、乐莒、明帝之戒，存于所以安君定亲，使魂灵万载无危，斯则贤圣之忠孝矣。自古及今，未有不亡之国，亦无不掘之墓也。丧乱以来，汉氏诸陵无不发掘，至乃烧取玉匣金缕，骸骨并尽，是焚如之刑也，岂不重痛哉！祸由乎厚葬封树。'桑、霍②为我戒'，不以明乎？其皇后及贵人以下，不随王之国者，有终没皆葬涧西，前又以表其处矣。盖舜葬苍梧，二妃不从，延陵葬子，远在嬴、博，魂而有灵，无不之也，一涧之间，不足为远。若违今诏，妄有所变改造施，吾为戮尸地下，戮而重戮，死而重死。臣子为蔑死君父，不忠不孝，使死者有知，将不福汝。其以此诏藏之宗庙，副在尚书、秘书、三府。"

注释

①椑（bì）：内棺。后亦泛指棺材。
②桑、霍：指桑弘羊和霍光。

译文

冬季，十月甲子，曹丕把首阳山东侧划定为自己的陵墓，事先安排自己的丧葬事宜，说："依照礼制，国君在即位后就安排制作棺材，表示存不忘亡。从前，尧葬在谷林，都种上树；大禹葬在会稽，农民没有改变耕地的方向，所以埋葬在山林，就要合乎山林自然。修造坟墓，植树作为标志的制度，不是上古的制度，我不采用。我的陵墓依仗山势作为主体，不要再堆土作成高丘及四面种植树木，不要建立寝

76

殿、园林，不要修筑神道。安葬的目的就是把人体埋藏起来，想要不再被别人看到。尸骨已没有痛痒的知觉，坟墓也不是神灵存身的地方。依照礼制，不在坟墓处设祭，是为了不轻慢死者，制作的棺椁能够装殓尸骨，衣服被褥能够遮掩尸体就行了。所以我选择在这丘陵不生长庄稼的地方修建墓，改朝换代之后，不再知道陵墓的位置。在墓内不要放置苇草木炭，不要收藏金、银、铜、铁器物，全部使用陶器，以符合古代用泥作的涂车、茅草扎成的人、马来送葬的制度。棺材只要在应该油漆的时候漆三遍，死后不要把珠玉含在我的嘴里，不要给穿上珠子作成的衣服，盛放在玉匣中，不要搞这些庸俗愚昧之人所作的事情。从前，当季孙要以君王佩戴的美玉殉葬时，孔子赶紧登上台阶去劝阻，把这个举动比喻作将死者的尸骨暴露在原野中。宋国的国君厚葬后，当时的君子都说华元、乐莒没有尽到臣子的职责，因为他们眼看君王犯了错误而不加阻止。汉文帝的霸陵在战乱中没有被发掘，是因为其中没有收藏值得挖掘的宝物。光武帝的原陵被挖掘，是因为修筑了高丘，并四面植树，作为标记，墓中也有大批陪葬的器物。霸陵保存完整的功劳在于张释之，原陵被发掘的过错在于汉明帝。因此，是张释之的忠心有利于君主，而明帝对父亲的爱心反而损害了亲人。忠臣孝子，应该考虑孔子、左丘明、张释之的议论，借鉴华元、乐莒、明帝的错误教训，心里存有怎样能使君主、亲人的遗骨安定不动，使死者的魂灵万年不危的想法，这就是圣贤的忠孝了。从古至今，没有不灭亡的国家，也没有不被掘的坟墓。战乱以来，汉朝皇帝的陵墓都遭到挖掘，甚至放火焚烧，以取得盛放尸骨的玉匣和死者身上穿的金缕衣，使得死者的尸骨也被烧尽，这犹如在受焚刑，怎能不深为痛苦呢！受祸的原因都在于修坟厚葬。前人已说，'要以桑弘羊和霍显因骄奢而招祸为戒'，这不是很明显的道理吗！将来，皇后以及贵人以下的妃嫔，凡不随她儿子到王国去的，死后都埋葬在涧西，以前我早定那里作为墓地。之所以这样做，是因为舜死后安葬在苍梧，他的两个妃子都没有与他葬在一起；延陵季子则把儿子远葬在泰山一带。魂魄如果有灵验，就没有不能到的地方，一涧的距离，不能算远。如果违背我这个诏书，妄加改动，修筑陵墓或厚葬，我死后在地下还将被戮尸，戮后还会再戮，真是死了一遍还要再死一遍。身为臣子的要是那样做，就是轻蔑死去的君父，不忠不孝，假如死者有知，将不会给你降福。把这个诏书收藏在宗庙，副本存在尚书、秘书和三府。"

原文

是月，孙权复叛，复郢州为荆州。帝自许昌南征，诸军兵并进，权临江拒守。十一月辛丑，行幸宛。庚申晦①，日有食之。是岁，穿灵芝池。

四年春正月，诏曰："丧乱以来，兵革未戢，天下之人，互相残杀。今海内初定，敢有私复仇者皆族之。"筑南巡台于宛。三月丙申，行自宛还洛阳宫。癸卯，月犯心中央大星。丁未，大司马曹仁薨。是月大疫。

注释

①晦：农历每月的末一天。

译文

这个月，孙权再次背叛魏国，恢复郢州为荆州。曹丕从许昌出军南征孙权，各路兵马齐头并进，孙权沿长江部署军队，抵抗魏军。十一月辛丑，曹丕到达宛城。庚申晦，出现日食。这一年，修凿灵芝池。

黄初四年春正月，曹丕下诏说："自从丧乱以来，战事不断，天下的人都互相残杀。现在，四海之内已经初步安定，以后有敢于私自报仇、杀害别人的，都要处死他的全族。"在宛城修筑南巡台。三月丙申，曹丕从宛城返回洛阳宫。癸卯，月亮运行到心宿中间那一颗大星附近。丁未，大司马曹仁逝世。这一个月，瘟疫流行。

原文

夏五月，有鹈鹕①鸟集灵芝池，诏曰："此诗人所谓污泽也。《曹诗》'刺恭公远君子而近小人'，今岂有贤智之士处于下位乎？否则斯鸟何为而至？其博举天下俊德茂才、独行君子，以答曹人之刺。"

六月甲戌，任城王彰薨于京都。甲申，太尉贾诩薨。太白②昼见。是月大雨，伊、洛溢流，杀人民，坏庐宅。秋八月丁卯，以廷尉钟繇为太尉。辛未，校猎于荥阳，遂东巡。论征孙权功，诸将已下进爵增户各有差。九月甲辰，行幸许昌宫。

注释

①鹈鹕（tí hú）鸟：一种大型游禽。喙长，喉囊发达，适于捕鱼。

②太白：金星，古代民间称为太白，早上出现在东方时又叫启明、晓星、明星，傍晚出现在西方时也叫长庚、黄昏星。

译文

夏五月，有鹈鹕鸟聚集在灵芝池。曹丕下诏说："这就是人所称的污泽。《诗经·曹风》讲这是讽刺曹恭公疏远君子而亲近小人。如今，是否有贤能才智之士还被困留在下位？否则，这鸟为什么会来呢？现在，要广泛推荐天下品德出众、才能过人、操行高尚的人，以答复曹人的讽刺。"

六月甲戌，任城王曹彰在京城逝世。甲申，太尉贾诩逝世。太白星在白天出现。这个月大雨不停，伊水、洛水泛滥成灾，淹死百姓，冲坏房屋。秋八月丁卯，任命廷尉钟繇为太尉。辛未，曹丕在荥阳打猎，并乘势巡视东方。评定征伐孙权的战功，各军将领以下分别受到晋升爵位、增加封地的赏赐。九月甲辰，曹丕到达许昌宫。

原文

五年春正月，初令谋反大逆乃得相告，其余皆勿听治；敢妄相告，以其罪罪之。三月，行自许昌还洛阳宫。夏四月，立太学，制五经课试之法，置《春秋谷梁》博士。五月，有司以公卿朝朔望①日，因奏疑事，听断②大政，论辩得失。秋七月，行东巡，幸许昌宫。八月，为水军，亲御龙舟，循蔡、颍、浮淮，幸寿春。扬州界将吏士民，犯五岁刑已下，皆原除之。九月，遂至广陵，赦青、徐二州，改易诸将守。冬十月乙卯，太白昼见。行还许昌宫。十一月庚寅，以冀州饥，遣使者开仓廪振之。戊申晦，日有食之。

注释

①朔：农历每月初一。望：农历每月十五或十六日。

②听断：听取陈述而作出决定。常指听讼断狱。

译文

黄初五年春正月，开始下令只有犯下谋反和大逆不道的罪过，才允许互相揭发，其余的罪名不再受理；如果有人诬告别人，就以他揭发的罪名来处罚他。三月，曹丕从许昌返回洛阳宫。夏四月，建立太学，制定五经考试的方法，设置讲授《春秋谷梁传》的博士。五月，有关部门制订在每月初一、十五日大臣朝见皇帝时，上奏有疑问的事情，听取决断大的施政方针，议论朝政的得失。秋七月，曹丕巡视东方，到达许昌宫。八月，曹丕调集水军，自己亲自乘坐龙舟，顺蔡水、颍水进入淮河，直达寿春。扬州界内的将领、官吏、士人和一般百姓，凡犯有判处五年刑期以下轻罪的人，都得到赦免。九月，曹丕到达广陵，下令在青州、徐州境内实行大赦，改换这一地区的统兵将领和官吏。冬十月乙卯，太白星在白天出现。曹丕返回许昌宫。十一月庚寅，因为冀州百姓缺粮，派遣使者打开官仓赈济饥民。十一月戊申，出现日食。

原文

十二月，诏曰："先王制礼，所以昭孝事祖'，大则郊社，其次宗庙，三辰①五行，名山大川，非此族也，不在祀典。叔世衰乱，崇信巫史，至乃宫殿之内，户牖之间，无不沃醊②，甚矣其惑也。自今，其敢设非祀之祭，巫祝之言，皆以执左道论，著于令典。"是岁，穿天渊池。

 注　释

①三辰：日月、星。

②沃酹（lèi）：以酒浇地而祭莫。

译　文

十二月，曹丕下诏说："从前，先王制定礼仪制度，是为了奉事祖先，显示孝道。最重要的是在郊外祭祀天地，其次是在宗庙祭祀祖先，然后是祭祀日、月、星等三辰，金、木、水、火、土等五行以及各地的名山大川，在这范围以外的，都不是经典所记载应该祭祀的。到了末代，有的人信奉巫史，甚至在宫殿以内、门窗之间，到处都要把酒洒在地上祭祀鬼神，这是太过于困惑了。从此以后，有敢于进行这种经典所不记载的祭祀，相信巫史的话，都以信奉旁门邪道论处，把这点写入法律条文中。"这一年，修凿天渊池。

原　文

六年春二月，遣使者循行许昌以东尽沛郡，问民所疾苦，贫者振贷①之。三月，行幸召陵，通讨房渠。乙巳，还许昌宫。并州刺史梁习讨鲜卑轲比能，大破之。辛未，帝为舟师东征。五月戊申，幸谯。壬戌，荧惑入太微。六月，利成郡兵蔡方等以郡反，杀太守徐质。遣屯骑校尉任福、步兵校尉段昭与青州刺史讨平之，其见胁略及亡命者，皆赦其罪。

注　释

①振贷：赈济。

译　文

黄初六年春二月，派遣使者在许昌以东巡视，直到沛郡，慰问百姓的疾苦，对贫困者发放赈济。三月，曹丕出行到达召陵，派人打通讨虏渠。乙巳，曹丕返回许昌宫。并州刺史梁习率军讨伐鲜卑人首领轲比能，大破鲜卑军。辛未，曹丕统率水军东征孙权。五月戊申，曹丕到达谯县。壬戌，火星运行到天空中被称作"太微"的区域中。六月，利城郡士兵蔡方等造反，占领郡城，杀死太守徐质。派遣屯骑校尉任福、步兵校尉段昭与青州刺史讨伐蔡方，平定了这次叛乱。凡被裹胁叛乱以及逃亡在外的，都赦免了他们的罪过。

原文

秋七月，立皇子鉴为东武阳王。八月，帝遂以舟师自谯循涡入淮，从陆道幸徐。九月，筑东巡台。冬十月，行幸广陵故城，临江观兵，戎卒①十余万，旌旗数百里。是岁大寒，水道冰，舟不得入江，乃引还。十一月，东武阳王鉴薨。十二月，行自谯过梁，遣使以太牢祀故汉太尉桥玄。

注释

①戎卒：士兵。

译文

秋七月，曹丕封儿子曹鉴为东武阳王。八月，曹丕率水军从谯县顺涡水进入淮河，从陆路到达徐州。九月，修筑东巡台。冬十月，曹丕到达广陵旧城，在长江边进行阅兵仪式，显示军威。魏军十余万人，旌旗招展，绵延数百里。这一年天气严寒，河流全部结冰，船不能进入长江，于是曹丕率军退回北方。十一月，东武阳王曹鉴逝世。十二月，曹丕从谯县经过梁国，派遣使者以太牢的规格祭祀已故汉朝太尉桥玄。

原文

七年正月，将幸许昌，许昌城南门无故自崩，帝心恶之，遂不入。壬子，行还洛阳宫。三月，筑九华台。夏五月丙辰，帝疾笃①，召中军大将军曹真、镇军大将军陈群、征东大将军曹休、抚军大将军司马宣王，并受遣诏辅嗣主。遣后宫淑媛、昭仪已下归其家。丁巳，帝崩于嘉福殿，时年四十。六月戊寅，葬首阳陵。自殡及葬，皆以终制②从事。

注释

①笃：加重，严重。
②终制：死者生前对丧葬礼制的嘱咐。

译文

黄初七年春正月，曹丕将要到达许昌，许昌城的南门无缘无故自己崩坏，曹丕心中对此很不愉快，就没有进入许昌。壬子，曹丕返回洛阳宫。三月，修筑九华台。夏季，五月丙辰，曹丕病势垂危，召见中军大将军曹真、镇军大将军陈群、征东大将军曹休、抚军大将军司马懿，他们一齐领受曹丕遗诏，辅佐将要继承皇位的幼主曹睿。曹丕让后宫自淑媛、昭仪已下的妃嫔都出宫回到各自家中。丁巳，曹丕在嘉福殿逝世，终年四十岁。六月戊寅，把曹丕安葬在首阳陵。从殡敛到下葬，都是按照他生前的安排进行的。

原文

初，帝好文学，以著述为务，自所勒成垂百篇。又使诸儒撰集经传，随类相从，凡千余篇，号曰《皇览》。

注释

①勒成：创作。②垂：将近。

译文

起初，曹丕喜好文学，以撰写诗、赋、文、论为工作，自己写成的有将近一百篇。又让儒士们编撰前人所著的经书以及注释等，按类编排在一起，有一千余篇，称作《皇览》。

毛玠传

原 文

毛玠，字孝先，陈留平丘人也。少为县吏，以清公称。将避乱荆州，未至，闻刘表政令不明，遂住鲁阳。太祖临兖州，辟①为治中从事。玠语太祖曰："今天下分崩，国主迁移；生民废业，饥馑流亡。公家无经岁之储，百姓无安固之志，难以持久。今袁绍、刘表，虽士民众强，皆无经远之虑，未有树基建本者也。夫兵，义者胜，守位以财。宜奉天子以令不臣，修耕植，畜军资，如此则霸王之业可成也。"太祖敬纳其言，转幕府功曹②。

注 释

①辟：征召。

②功曹：古代官职，官名。亦称功曹史。西汉始置，为郡守、县令的主要佐吏。主管考察记录业绩。东汉各州亦有功曹，而名称略有变更。属司隶校尉者称功曹从事，下设门功曹书佐等协助处理选用人员等事。其他的功曹从事改称治中从事，属员仍称功曹书佐。

▲ 毛 玠

毛玠，字孝先，陈留国平丘人。早年在县中为吏，以清廉公正著称。将要到荆州避战乱，还未到达，听说刘表政策法令不明，于是又前往鲁阳。魏太祖曹操占领兖州，征辟他为治中从事。毛玠对曹操说："如今国家分崩离析，国君四处迁移；百姓的生产废弃，因饥馑而四处流亡；官府连一年的储蓄都没有，百姓没有安心定居的念头，国家在这种形势下是难以持久的。现今袁绍、刘表，虽然手下士人、百姓众多强大，但都没有长远的打算，不是建立基业的人。用兵以遵守礼义者胜，保住地位必须依靠财力。您应该尊奉天子而向不守臣道的人发号施令，整顿农业耕作，储备军用物资，这样，霸王的业绩就可以成功了。"曹操敬佩地采纳了他的建议，转调他为自己官府的功曹。

　　太祖为司空丞相，玠尝为东曹掾，与崔琰并典选举。其所举用，皆清正之士；虽于时有盛名，而行不由本者，终莫得进。务以俭率人，由是，天下之士莫不以廉节自励，虽贵宠之臣，舆服①不敢过度。太祖叹曰："用人如此，使天下人自治，吾复何为哉！"文帝为五官将，亲自诣玠，属所亲眷。玠答曰："老臣以能守职，幸得免戾，今所说人非迁次，是以不敢奉命。"大军还邺，议所并省，玠请谒不行。时人惮②之，咸欲省东曹，乃共白曰："旧西曹为上，东曹为次，宜省东曹③。"太祖知其情，令曰："日出于东，月盛于东；凡人言方，亦复先东，何以省东曹？"遂省西曹。初，太祖平柳城，班所获器物，特以素屏风素冯几赐玠，曰："君有古人之风，故赐君古人之服。"玠居显位，常布衣蔬食，抚育孤兄子甚笃，赏赐以振施贫族，家无所余。迁右军师。魏国初建，为尚书仆射，复典选举。时太子未定，而临菑侯植有宠，玠密谏曰："近者袁绍以嫡庶不分，覆宗灭国。废立大事，非所宜闻。"后群僚会，玠起更衣，太祖目指曰："此古所谓国之司直，我之周昌也。"

注 释

①舆服：车舆冠服与各种仪仗。

②惮：害怕。

③东曹：丞相幕府官员，主"二千石长吏迁除及军吏"（《后汉书》），权力极大。

译 文

曹操担任司空丞相，毛玠曾任东曹掾，与崔琰共同负责选拔官吏。他所举荐任用的人，都是清廉正直的士人；有些人在当时虽有名望，但行为不正派，结果也不能被他选用。他特别以俭朴作为他人表率，因此全国的士人无不以廉洁勉励自己，即使显贵得宠的臣僚，服饰器物也不敢违反法度。曹操赞叹说："这样任用人才，使天下的人自己监督自己，我还再费什么心思呢！"曹丕担任五官中郎将，亲自拜访毛玠，托他照顾自己的亲属。毛玠回答说："老臣因为能够尽忠职守，所以有幸没有获罪。您现在所说的人不应升迁，所以我不敢遵命。"大军回到邺城，讨论合并官署，毛玠请求不要推行。当时人们很忌惮他，都想撤销东曹，于是一起对曹操说："先前西曹为上，东曹为次，应该减省东曹。"曹操知道他们的想法，因而下令说："太阳从东方升起，月亮最圆的时候也在东边；人们谈到方位时，也先说东方，为什么要撤销东曹？"因此把西曹撤销了。当初，曹操平定了柳城，分赏所获得的器物，特别以素屏风和素凭几赏给毛玠，说："你有古人的风范，所以赐给你古人所用的器物。"毛玠身居显要的地位，却常身穿布衣，吃普通菜饭，抚养教育哥哥的遗子非常周到；所得的赏赐也大多赈济施舍给贫困的人家，自己的家中没有什么剩余。后迁升为右军师。魏国刚刚建立时，他任尚书仆射，仍然主持选拔任用官吏。当时还没有最后确定谁为太子，临菑侯曹植受到曹操宠爱，毛玠秘密劝谏曹操说："近世袁绍因为不区分嫡子庶子，所以国破家亡。废立太子是大事，我不愿听到有这样的事。"后来群臣聚会讨论，毛玠起身更换衣服，曹操看着他说："他就是古人所说的国家司直、我的周昌啊。"

原文

崔琰既死，玠内不悦。后有白^①玠者："出见黥面反者，其妻子没为官奴婢，玠言曰：'使天不雨者盖此也'。"太祖大怒，收玠付狱。大理钟繇诘玠曰："自古圣帝明王，罪及妻子。《书》云：'左不共左，右不共右，予则孥戮^②。'女司之职，男子入于罪隶，女子入于舂槁^③。汉律，罪人妻子没为奴婢，黥面。汉法所行黥墨之刑，存于古典。今真奴婢祖先有罪，虽历百世，犹有黥面供官，一以宽良民之命，二以宥并罪之辜，此何以负于神明之意，而当致旱？案典谋，急恒寒若，舒恒燠若，宽则亢阳^④，所以为旱。玠之吐言，以为宽邪，以为急也？急当阴霖，何为反旱？成汤圣世，野无生草；周宣令主，旱魃为虐。亢旱以来，积三十年，归咎黥面，为相值不？卫人伐邢，师兴而雨，罪恶无征，何以应天？玠讪谤之言，流于下民；不悦之声，上闻圣听。玠之吐言，势不独语，时见黥面，凡为几人？黥面奴婢，所识知邪？何缘得见，对之叹言？时以语谁，见答云何，以何日月，于何处所？事已发露，不得隐欺，具以状对。"玠曰："臣闻萧生缢死，困于石显；贾子放外，谗在绛、灌；白起赐剑于杜邮，晁错致诛于东市，伍员绝命于吴都，斯数子者，或妒其前，或害其后。臣垂齠执简，累勤取官，职在机近，人事所窜。属臣以私，无势不绝；语臣以冤，无细不理。人情淫利，为法所禁；法禁于利，势能害之。青蝇横生，为臣作谤；谤臣之人，势不在他。昔王叔、陈生争正王廷，宣子平理，命举其契，是非有宜，曲直有所，《春秋》嘉焉，是以书之。臣不言此，无有时、人；说臣此言，必有征要。乞蒙宣子之辨，而求王叔之对。若臣以曲闻，即刑之日，方之安驷之赠；赐剑之来，比之重赏之惠。谨以状对。"时桓阶、和洽进言救玠，玠遂免黜。卒于家，太祖赐棺器钱帛，拜子机郎中。

①白：告诉。

②孥戮：诛及子孙。

③舂槁：即舂稾，舂人、稾人的合称，职掌罪人服苦役之事。借称因罪而服之苦役。

④亢阳：盛极之阳气。形容人君骄横寡恩。⑤青蝇：苍蝇。比喻谗人。

译　文

崔琰被处死之后，毛玠心中闷闷不乐。后来有人告发说："毛玠出门见到被黥面的反叛者，他们的妻子儿女被判为官家奴婢，他便说：'造成天不下雨，就是因为这种做法'。"曹操大怒，把毛玠收捕入狱。大理寺钟繇诘问毛玠说："自古以来，即使圣明的帝王，对罪犯也要连妻子儿女一同处罚。《尚书》说：'我向左，你们不一同向左；我向右，你们不一同向右，我将诛杀你们的妻子儿女。'司寇的职责，就是使男人判罪为奴，女人判罪舂米铡草。汉代法律，罪犯的妻子儿女要判为奴婢，要在面部刺字。汉代法律中的面上刺字之法，在古代刑典中便有。如今真正的奴婢因祖先有罪，虽然经历百年，仍有在面上刺字为官府服役的人，其一是为了宽松良民的夫役，其二用来宽免多种罪行的处罚，这怎么会有负于上天神灵的本意，而造成旱灾？依据经典，法令急迫会使天气寒冷，舒缓则天气变热，宽松就会使阳气上升，天气干旱。你说的话，是认为宽松呢，还是急迫？若是法令急迫，应当是阴雨连绵，为什么反而干旱？成汤那样的圣明朝代，田地中也干得寸草不生；周宣王是英明的帝王，那时旱灾仍肆虐为害。天气干旱，已长达三十年，把原因归于黥面的刑罚，能说得过去吗？春秋时卫国人讨伐邢国，刚出兵便下起雨来，它的罪恶还未显露出来，上天为什么就已经有了反映？你讥讽诽谤的言论，在平民百姓中流传；对朝廷不满的声音，已传到皇上那里。你说话时，不可能自言自语，你见黥面的罪犯时，共有几个人？黥面的奴婢，与你相识吗？是什么原因使你们相见，说出这些感叹之言？当时是对谁说的？对方曾怎样应答？在何月何日？在什么地方？事情已被揭发出来，不得隐瞒欺骗，要把实情全部讲出来。"毛玠说："臣下听说萧望之的死，是因为石显的陷害；贾谊被贬黜，是因为周勃、灌夫的谗言；白起在杜邮被赐剑自杀，晁错在东市外以腰斩，伍员在吴国都城自缢，这几个人之死，或是有妒疾于前，或是有人迫害于后。臣下从青年起便负责文册简牍工作，因多年的勤勉而取得官位，职掌机密亲近之事，从而为人们所忌恨。说臣下有私心，不可能找不到理由；冤枉臣下，会无孔不入。人的本性热衷于利益，往往又为法令所禁止；法令禁止利欲，势必要受到利欲熏心者的破坏。谗言横生，诬陷诽谤臣下；诽谤臣下的人，也不可能有什么其他的理由。先前王叔、陈生在朝廷争论是非，宣子评定谁有道理，命令他们立下誓言，是非得以明辩，曲直各得其所，《春秋》对此表示赞赏，因此记录下来。臣下从未说过人们告发的那些话，也不可能有什么时间听人说过这些话的人作证；说臣下有过那些话，一定要有确凿的证据。我请求像陈宣子那样为臣辩白，我自己可以同王叔一样对证。如果臣下上面所说确是谎言，受刑之时，我会像乘安车驷马离去一样心安理得；赐剑自杀，如同受到重赏一样的恩惠。请求让我以实情对证。"当时桓阶、和洽也进言救助毛玠，毛玠因而只受免官贬黜的处分。后来死于家中，曹操赐给他棺木、器物、钱帛，拜他的儿子毛机为郎中。

钟繇传

原 文

钟繇字元常，颍川长社人也。尝与族父瑜俱至洛阳，道遇相者[1]，曰："此童有贵相，然当厄[2]于水，努力慎之！"行未十里，度桥，马惊，堕水几死。瑜以相者言中，益贵繇，而供给资费，使得专学。举孝廉，除[3]尚书郎、阳陵令，以疾去。辟三府，为廷尉正、黄门侍郎。是时，汉帝在西京，李傕、郭汜等乱长安中，与关东断绝。太祖领兖州

▲ 钟 繇

牧，始遣使上书。傕、汜等以为"关东欲自立天子，今曹操虽有使命，非其至实"，议留太祖使，拒绝其意。繇说傕、汜等曰："方今英雄并起，各矫命专利，唯曹兖州乃心王室，而逆其忠款[4]，非所以副将来之望也。"傕、汜等用繇言，厚加答报，由是太祖使命遂得通。太祖既数听荀彧之称繇，又闻其说傕、汜、益虚心。后傕胁天子，繇与尚书郎韩斌同策谋，天子得出长安，繇有力焉。拜御史中丞迁侍中尚书仆射，并录前功封东武亭侯。

注 释

①相者：旧指以相术供职或为业的人。

②厄：灾难；遇难。

③除：任命官职。

④忠款：忠诚。

 译 文

    钟繇字元常，是颍川郡长社县人。他曾和他本族的叔父钟瑜一起去洛阳，在路上遇见一位相面先生，相面先生看着钟繇说道："这孩子生有一副尊贵相，只是有溺水之灾，要特别小心谨慎！"往前走了不到十里路，过一座桥，所骑的马受惊，钟繇被摔下河里，差点儿被淹死。钟瑜因相面先生的话很灵验，更加看重钟繇，供应他财物，让他专心从事学问。钟繇考中孝廉，任官尚书郎、阳陵县令，后因疾病去职。应司徒、司马、司空三府的征召，被任为廷尉正、黄门侍郎。当时汉献帝在西京长安，李傕、郭汜等人在长安发动叛乱，长安和关东地区交通断绝。曹操为兖州刺史，派人去向汉献帝上书。李傕、郭汜等人认为："关东地区想另立天子，现在曹操虽然派来使者表示臣属，恐怕不是出自真心。"打算扣留曹操的使者，表示加以拒绝。钟繇劝李傕、郭汜等人说："现在天下的形势是，各路英雄乘时兴起，都诈称受皇帝的命令而专权行事，只有兖州刺史曹操真心向着皇帝，如果拒绝他的忠诚表示，就会使忠心于皇帝的人感到失望。"李傕、郭汜等人采纳了他的意见，对曹操厚礼报答，从此曹操才和朝廷保持联系。曹操多次听到荀彧称赞钟繇，又听说他对李傕、郭汜等人的劝诫，对他就更加赏识。后来李傕劫持汉献帝，钟繇和尚书郎韩斌共同策划，汉献帝才得以逃出长安，这是钟繇尽力的结果。朝廷任钟繇为御史中丞，又升任侍中尚书仆射，论功行赏，封他为东武亭侯。

原 文

    时关中诸将马腾、韩遂等，各拥强兵相与争。太祖方有事①山东，以关右为忧。乃表繇以侍中守司隶校尉，持节督关中诸军，委之以后事，特使不拘科制②。繇至长安，移书腾、遂等，为陈祸福，腾、遂各遣子入侍。太祖在官渡，与袁绍相持，繇送马一千余匹给军。太祖与繇书曰："得所送马，甚应其急。关右平定，朝廷无西顾之忧，足下之勋也。昔萧何镇守关中，足食成军，亦适当尔。"其后匈奴单于作乱平阳，繇率诸军围之，未拔；而袁尚所置河东太守郭援到河东，众甚盛。诸将议欲释之去，繇曰："袁氏方强，援之来，关中阴与之通，所以未悉叛者，顾吾威名故耳。若弃而去，示之以弱，所在之民，谁非寇雠③？纵吾欲归，其得至乎！此为未战先自败也。且援刚愎好胜，必易吾军。若渡汾为营，及其未济击之，可大克也。"张既说马腾会击援，腾遣子超将精兵逆之。援至，果轻渡汾，众止之，不从。济水未半，击，大破之，斩援，降单于。语在《既传》。其后河东卫固作乱，与张晟、张琰及高干等并为寇，繇又率诸将讨破之。自天子西迁，洛阳人民单尽，繇徙关中民，又招纳亡叛以充之，数年间民户稍实④。太祖征关中，得以为资，表繇为前军师。

注释

①有事：有战事。

②科制：制度；程式。

③寇雠：仇敌；敌人。

④稍实：逐渐增长。

译文

当时关中割据将领马腾、韩遂等人，都拥有强大的军事力量，互相争夺。曹操在关东因有战事牵制，不能分身，他深为关中的形势忧虑。于是他上奏天子，让钟繇以侍中的身份代理司隶校尉一职，颁发给他符节，统领关中各军，并把以后关中的政事委托给他，还特别授权，行事不必受常规条法的束缚。钟繇来到长安，写信给马腾、韩遂等人，向他们说明利害关系，马腾和韩遂都把他们的儿子送交朝廷，作为人质，表示他们的忠诚。曹操在官渡与袁绍两军相对峙，钟繇给曹操送来两千多匹战马，供军队使用。曹操给钟繇写信说："得到你送来的战马，解决了当前的急需。关中地区得以平定，朝廷没有后顾之忧，这都是您的功劳。过去萧何镇守关中，为前线供应足够的军粮，军队才能行军作战，您也是这么做的。"后来匈奴的头领在平阳骚乱，钟繇率领各路人马把平阳包围起来，但没有攻克。这时袁尚设置的河东太守郭援来到河东地区，他的兵力强盛。钟繇手下的众将领纷纷议论，想解围退走，钟繇说道："现在袁尚的力量还比较强大，郭援来到河东，关中的割据势力暗暗和他联系，现在他们之所以还没有全部背叛朝廷，是顾忌我的威慑力量。如果放弃攻城解围退走，暴露出我们的软弱，那么各地的人，哪个不是我们的敌人？即使我们想撤退，能回得去吗？这是不战而自败。再说郭援这个人，刚愎自用，又使气好胜，他必然不把我军放在眼里。如果他要渡过汾水安营扎寨，在他们还没有渡过汾水时发动攻击，可以大获全胜。"这时张既说马腾会同钟繇攻击郭援，马腾派他的儿子马超率领精兵强将迎击郭援。郭援来到汾河边，果然就轻率下令渡河，他手下的人劝阻，他不听。兵士们还没渡过一半，钟繇发动攻击，把敌人打得大败，郭援被杀，匈奴头领投降。这事在《张既传》中有记述。后来河东的卫固发动叛乱，和张晟、张琰、高干等人到处抢掠，钟繇又率诸将把他们剿灭。自从汉献帝西去长安，洛阳的百姓也大都逃亡，钟繇从关中迁民至洛阳，又招集逃亡的百姓和失败的叛兵充实洛阳的人口，几年之间，洛阳的民户才稍稍得到充实。曹操征伐关中时，洛阳能够提供人力物力，于是曹操上奏，任钟繇为前军师。

原 文

魏国初建，为大理，迁相国。文帝在东宫赐繇五熟釜，为之铭曰："于赫有魏，作汉藩辅。厥相惟钟，实干心膂①。靖恭夙夜，匪遑安处。百寮②师师，楷兹度矩。"数年，坐西曹掾魏讽谋反，策罢就第。文帝即王位，复为大理。及践阼，改为廷尉，进封崇高乡侯。迁太尉，转封平阳乡侯。时司徒华歆、司空王朗，并先世名臣。文帝罢朝，谓左右曰："此三公者，乃一代之伟人也，后世殆难继矣！"明帝即位，进封定陵侯，增邑五百，并前千八百户，迁太傅。繇有膝疾，拜起不便；时华歆亦以高年疾病，朝见皆使载舆车，虎贲舁③上殿就坐。是后三公有疾，遂以为故事。

注释

①心膂（lǚ）：心与脊骨。喻主要的辅佐人员，亦以喻亲信得力之人，或.喻重要的部门或职任。

②百寮：文武百官。

③舁（yú）：抬。

译文

魏国建立，曹操被封为魏王，任钟繇为大理寺卿，升任相国。曹丕为魏王世子，赏赐钟繇一口五味锅，锅上镌刻铭文说："显赫的魏国，是汉朝的拱卫。它的相国钟繇，是魏国的左膀右臂。他不分昼夜操劳国事，没有一时一刻安逸。他是百官学习的榜样，百官都要以他为榜样。"几年之后，西曹掾魏讽谋反，钟繇受到牵连，罢官回家。曹丕继位为魏王，再任钟繇为大理寺卿。曹丕做了皇帝，改任钟繇为廷尉，封爵进升为崇高乡侯。后又升为太尉，封爵转为平阳乡侯。当时的司徒华歆、司空王朗，都是先朝的名臣。曹丕退朝后曾对身边的人说："华歆、王朗和钟繇这三个人，是一代伟人，后难为继了！"魏明帝即位，进封钟繇为定陵侯，封邑增加五百户，加上以前的封户，共一千八百户，又升任他为太傅。钟繇患有膝关节病，跪拜很不方便；当时华歆也因年老多病，他们上朝时都乘坐小车，卫士把他们抬至殿上，然后就坐。从此以后，三公有病，上朝准许乘车，成为相沿的成例。

原文

初，太祖下令，使平议死刑可宫割①者。繇以为"古之肉刑，更历圣人，宜复施行，以代死刑"。议者以为非悦民之道，遂寝[2]。及文帝临飨[3]群臣，诏谓："太祖欲复肉刑，此诚圣王之法，公卿当善共议。"议未定，会有军事，复寝。太和中，繇上疏曰："大魏受命，继踪虞、夏。孝文革法，不合古道。先帝圣德，固天所纵，坟典之业，一以贯之。是以继世，仍发明诏[4]，思复古刑，为一代法。连有军事，遂未施行。陛下远追二祖遗意，惜斩趾可以禁恶，恨入死之无辜，使明习律令，与群臣共议。出本当右趾而入大辟者，复行此刑。《书》云：'皇帝清问下民，鳏寡有辞于苗。'此言尧当除蚩尤、有苗之刑，先审问于下民之有辞者也。若今蔽狱之时，讯问三槐、九棘、群吏、万民，使如孝景之令，其当弃市，欲斩右趾者许之。其黥、劓、左趾、宫刑者，自如孝文，易以髡[5]、笞。能有奸者，率年二十至四五十，虽斩其足，犹任生育。今天下人少于孝文之世，下计所全，岁三千人。张苍除肉刑，所杀岁以万计。臣欲复肉刑，岁生三千人。子贡问能济民可谓仁乎？子曰：'何事于仁，必也圣乎，尧、舜其犹病诸！'又曰：'仁远乎哉？我欲仁，斯仁至矣。'若诚行之，斯民永济。"书奏诏曰太傅学优才，高留心政事又于刑理深远，此大事公卿群僚善共平议司徒王朗议，以为："繇欲轻减大辟之条，以增益刖刑[6]之数，此即起偃为竖、化尸为人矣。然臣之愚，犹有未合微异之意。夫五刑之属，著在科律，科律自有减死一等之法，不死即为减。施行已久，不待远假斧凿于彼肉刑，然后有罪次也。前世仁者，不忍肉刑之惨酷，是以废而不用。不用已来，历年数百。今复行之，恐所减之文未彰于万民之目，而肉刑之问已宣于冠仇之耳，非所以来远人也。今可按繇所欲轻之死罪，使减死之髡、刖。嫌其轻者，可倍其居作之岁数。内有以生易死不訾[7]之恩，外无以刖易钛[7]骇耳之声。"议者百余人，与朗同者多。帝以吴、蜀未平，且寝。

太和四年，繇薨。帝素服临吊，谥曰成侯。子毓嗣。初，文帝分毓户邑，封繇弟演及子劭、孙豫列侯。

①宫割：施以宫刑。

②寝：搁置。

③临飨：亲临祭典；亲以酒食犒劳。主持祭典；主持朝政。

④明诏：公开宣示的诏书。

⑤髡（kūn）：古代剃去男子头发的一种刑罚。

⑥刖（yuè）刑：中国古代刑罚之一，又称剕刑，指砍去受罚者左脚、右脚或双脚。

⑦钛（dì）：铁镣。

译文

当初，曹操下令，让钟繇等人审查将死刑改为宫刑的罪犯。钟繇认为："古代的肉刑，历代圣人都执行，应该恢复，以代替死刑。"参加讨论的人认为这不是爱民措施，于是这事就搁置起来。文帝宴请群臣，当场下令说："司法机关想恢复肉刑，这实在是圣王的德政，公卿大臣应该赞成他的意见。"议论了一番，还没定下来，遇上军事行动，这事就又搁置下来。明帝太和年间，钟繇上书说："魏国建立国家，继承虞舜、复禹的传统。汉文帝变革法律，不符合古代的法律思想。太祖的品德，是上天赋予的，他对古代的典籍，能够融会贯通。文帝继位以后，又颁发诏书，想恢复古刑，使之成为一代成法。因连年有战事，未能付诸施行。陛下您继承二位先帝的遗志，出于爱民之心，以为斩脚足的惩罚罪恶，被判为死刑是无辜的，让我明习法令，和群臣共同议定。罪恶本该斩去右脚而被判为死刑的，仍用斩足之刑。《书经》上说：皇帝请问下民，鳏寡有辞于苗。'这句话是说，尧帝在废除蚩尤、有苗的刑法时，先向有意见的百姓询问。如果现在在审理疑案的时候，首先问三公九卿、各色吏员以及百姓征求意见，按照汉景帝时的律令，罪该判死刑的犯人，如果他愿意斩去右脚，应该允许。另外如刺面、割鼻、斩左脚、阉割等刑罚，按照汉文帝时的律令，改为剃发、杖打。有犯罪能力的人，大都在二十岁至四、五十岁之间，虽然斩去他的脚，仍能够生育。现在国家的人口比汉文帝时代少，如实行上面的改刑措施，每年能够全活三千人。张苍废除肉刑，判死刑的每年数以万计。我想恢复肉刑，每年可使三千人免死。子贡问孔子：'能够拯救百姓，是否可算作仁人？'孔子回答说：'何止是仁人，那一定是圣人了，尧、舜也感到难于做到！'孔子又说：'仁距我们很远吗？我们想做到仁，仁就在我们身边。如果真的实行这种刑法，老百姓可以永世得到周全。"他的这封奏疏呈上去，皇帝下旨说："太傅钟繇，学问渊博，富有高才，对政事又特别留心，又对于刑法研究很深。这是国家的大事，公卿群臣很好地讨论讨论。"司徒王朗论及此事，他认为："钟繇想减轻死罪的条款，增加斩足之刑的数量，这就是起死回生、化死尸为活人的措施。但是我的意见和他的意见稍微有些不同。五刑的各种刑罚，在法律上有明文规定，其中本来就有'减死一等'的律条，不够死罪就是减死一等。这条法律实行已经很久了，不需再去借用斧凿等肉刑名目而后才能分别罪恶的轻重。前代出于仁慈之心，不忍心用惨酷的肉刑，因此肉刑废而不用。不用肉刑，已经有几百年了。如果现在恢复肉刑，我担心减轻刑罚的条文老百姓还未看到，而恢复肉刑的消息已经传到敌人的耳朵里，远处的百姓谁还敢来归顺我们呢！现在可按照钟繇的想法，若想把死罪囚犯减轻，判为减死一等剃发、斩足。如果认为这样太轻的话，可以成倍增加服罪役的年数。这样，对国内犯人有免死全活的大恩，对外也不会产生以斩脚代替脚镣那种骇人听闻的谣传。"参加讨论的有一百多人，同意王朗意见的人居多。皇帝因吴、蜀二国还没有平定，就暂且搁置下来。

太和四年，钟繇逝世。皇帝身穿素服亲自去吊唁，赠谥号为"成侯"。他的儿子钟毓继承他的爵位。当初，文帝下令将钟毓的封邑人户分出一部分，用来分给钟繇的弟弟钟演和钟繇的儿子钟劭、孙子钟豫，都封为列侯。

原 文

　　毓字稚叔。年十四为散骑侍郎，机捷①谈笑有父风。太和初，蜀相诸葛亮围祁山，明帝欲西征，毓上疏曰："夫策贵庙胜②，功尚帷幄，不下殿堂之上，而决胜千里之外。车驾宜镇守中土，以为四方威势之援。今大军西征虽有百倍之威于关中之费，所损非一。且盛署行师，《诗》人所重，实非至尊动轫之时也。"迁黄门侍郎。时大兴洛阳宫室，车驾便幸许昌，天下当朝正许昌。许昌偪狭③，于城南以毡为殿，备设鱼龙曼延④，民罢劳役。毓谏，以为"水旱不时，帑藏⑤空虚，凡此之类，可须丰年"。又上"宜复关内开荒地，使民肆力于农"。事遂施行。正始中，为散骑侍郎。大将军曹爽盛夏兴军伐蜀，蜀拒守，军不得进。爽方欲增兵，毓与书曰："窃以为庙胜之策，不临矢石；王者之兵，有征无战。诚以干戚可以服有苗，退舍足以纳原寇，不必纵吴汉于江关，骋韩信于井陉也，见可而进，知难而退，盖自古之政。惟公侯详之！"爽无功而还。后以失爽意，徙侍中，出为魏郡太守。爽既诛，入为御史中丞、侍中廷尉。听君父已没，臣子得为理谤；及士为侯，其妻不复配嫁，毓所创也。

注 释

　　①机捷：机智敏捷。

　　②庙胜：朝廷预先制定的克敌制胜的谋略。

　　③偪狭：狭窄，狭小。偪（bī）：接近，靠近。

　　④鱼龙曼延，亦作"鱼龙漫衍"。古代百戏杂耍名。由艺人执持制作的珍异动物模型表演，有幻化的情节。也比喻虚假多变，玩弄权术。鱼龙，猞猁之兽，曼延，亦兽名。

　　⑤帑藏：国库。也指钱币、财产。

　　钟毓字稚叔。他十四岁时就任散骑侍郎，生性机敏，谈笑风生，很像他的父亲。太和初年，蜀国丞相诸葛亮围攻祁山，魏明帝打算亲自率兵西征，钟毓上疏说："军事行动所贵的是朝廷的高明决策，建功立业在于运筹帷幄，身不下殿堂，而能决胜于千里之外。陛下您应镇守中原，调动兵力形成四面八方有威势的援军。如果大军西征，虽然对敌人有百倍的威力，但对于关中地区来说，损耗可就大了。再说，盛夏进军，《诗经》的作者都持慎重的态度，这的确不是陛下亲自征伐的时节。"因此，升他为黄门侍郎。当时在洛阳大兴土木，建筑宫殿，皇帝离开洛阳到许昌，全国的官员都到许昌去朝见皇帝。许昌城地方狭小，于是在城南搭盖毡房作为宫殿，并备有各种游艺陈设，老百姓服劳役疲于奔命。钟毓上疏劝谏，他说："各地不时发生水旱灾害，国库空虚，这一切兴造，可等到丰收年头。"他又上疏说："应恢复开垦关中荒地的措施，让老百姓尽力于农耕。"他的建议付诸实行。正始年间，他任散骑常侍。大将军曹爽在盛夏兴兵征伐蜀国，蜀军坚守，曹爽的军队无法前进。曹爽正要增兵，钟毓给他写信说："我认为高明的决策，不会在枪林弹雨中强攻；正义之师，出兵征伐，不会遇到抵抗。诚如大禹舞干戚可以征服三苗，晋文公用退避三舍足以降服楚军，而不必像汉光武帝派吴汉赴江关破敌，也不必像汉王刘邦那样，派韩信去井隆击破赵军。形势有利，可以前进，形势不利，应知难而退，这是自古以来用兵处世之道。希望公侯大人您仔细考虑！"结果曹爽是无功而回。后来因与曹爽意见不合，钟毓被降为侍中，又外任为魏郡太守。曹爽谋反被杀，钟毓调回京师，任御史中丞、侍中廷尉。钟毓在廷尉任上，作出几条新规定：君主和父亲逝世之后，他的臣属和儿子可以替君主或父亲辩白被诬谤的委屈；士人得到侯位封爵，犯罪以后，他的妻子不再强行配嫁他人。

原文

　　正元中，毋丘俭、文钦反，毓持节至扬、豫州班行赦令，告谕士民，还为尚书。诸葛诞反，大将军司马文王议自诣寿春讨诞。会吴大将孙壹率众降，或以为"吴新有衅^①，必不能复出军。东兵已多，可须后问"。毓以为："夫论事料敌，当以己度人。今诞举淮南之地以与吴国孙壹所率，口不至千，兵不过三百，吴之所失盖为无几^②。若寿春之围未解，而吴国之内转安，未可必其不出也。"大将军曰："善。"遂将毓行。淮南既平，为青州刺史，加后将军，迁都督徐州诸军事，假节，又转都督荆州。景元四年薨，追赠车骑将军，谥曰惠侯。子骏嗣。毓弟会，自有传。

注 释

①有衅（xìn）：指有可乘之机。

②无几：很少，没有多少。

译 文

正元年间，毌丘俭、文钦谋反，钟毓持节出使扬州、豫州，宣布朝廷的大赦令，晓谕各地的官吏、百姓，回京后被任为尚书。诸葛诞反叛，大将军司马懿打算亲自率兵去寿春讨伐诸葛诞。当时正值吴国大将孙壹率部来投降，有人认为："吴国内部最近出现矛盾，必然不能再派军出征。我军在东部战线的兵力很多，因此可暂不出征，看以后形势发生如何，再做定夺。"钟毓认为："分析形势，估量敌人的动向，应该从敌我双方面的情况出发。现在诸葛诞把淮南大块土地拱手送给吴国，而孙壹所率来降的人，总数还不到一千，其中作战的兵士不过三百人，吴国的损失，微乎其微。如果不解除寿春被围困的局面，吴国国内反而会因此而安定，不能认为它一定不会出兵。"司马懿听了，说道："你说得好。"于是他带领钟毓出兵东征。淮南平定之后，钟毓任青州刺史，加后将军衔，升任都督徐州诸军事、假节，又转任都督荆州诸军事。他在景元四年逝世，追赠他为车骑将军，赠谥号为"惠侯"。他的儿子钟骏继承他的爵位。钟毓的弟弟钟会，本书另有传记。

张辽传

原 文

张辽字文远，雁门马邑人也。本聂壹①之后，以避怨变姓。少为郡吏。汉末，并州刺史丁原以辽武力过人，召为从事，使将兵诣京都。何进遣诣河北募兵，得千余人。还，进败，以兵属董卓。卓败，以兵属吕布，迁骑都尉。布为李傕所败，从布东奔徐州，领鲁相，时年二十八。太祖破吕布于下邳，辽将其众降，拜中郎将，赐爵关内侯。数有战功，迁裨将军。袁绍破，别遣辽定鲁国诸县。与夏侯渊围昌豨于东海，数月粮尽，议引军还，辽谓渊曰："数日已来，每行诸围，豨辄属目②视辽。又其射矢更稀，此必豨计犹豫，故不力战。辽欲挑与语，傥可诱也。"乃使谓豨曰："公有命，使辽传之。"豨果下与辽语，辽为说"太祖神武，方以德怀四方，先附者受大赏"，豨乃许降。辽遂单身上三公山，入豨家，拜妻子。豨欢喜，随诣太祖。太祖遣豨还，责辽曰："此非大将法也。"辽谢曰："以明公威信著于四海，辽奉圣旨，豨必不敢害故也。"从讨

▲ 张 辽

袁谭、袁尚于黎阳，有功，行中坚将军。从攻尚于邺，尚坚守不下。太祖还许，使辽与乐进拔阴安，徙其民河南。复从攻邺，邺破，辽别徇^③赵国、常山，招降缘^④山诸贼及黑山孙轻等。从攻袁谭，谭破，别将徇海滨，破辽东贼柳毅等。还邺，太祖自出迎辽，引共载，以辽为荡寇将军。复别击荆州，定江夏诸县，还屯临颍，封都亭侯。从征袁尚于柳城，卒与虏遇，辽劝太祖战，气甚奋。太祖壮之，自以所持麾^⑤授辽。遂击，大破之，斩单于蹋顿。

注释

①聂壹：西汉武帝时期人物，《史记》称"聂翁壹"。雁门马邑人（今山西省朔州市朔城区）。著名的"马邑之谋"的发动者。

②属目：同"瞩目"，注视。

③徇（xùn）：对众宣示。

④缘：沿着。

⑤麾：古代指挥军队的旗子。

译文

张辽，字文远，雁门郡马邑县人。原本是聂壹的后人，因躲避怨家而改姓。他年轻时充当郡吏。东汉末叶，并州刺史丁原因为张辽武力过人，召他充当州从事，派他率领部队前往京师。何进又派遣他前往河北招募士兵，招募了一千多人。回到京师时，何进已被杀害，张辽率兵隶属董卓。董卓失败后，他又带兵隶属吕布，升为骑都尉。吕布被李傕战败，张辽跟随吕布向东逃到徐州，兼任鲁国相，当时年仅二十八岁。魏太祖曹操在下邳打垮吕布，张辽带领他的部下投降曹操，任命为中郎将，给予爵位关内侯，多次建立战功，升为裨将军。袁绍失败以后，曹操另外派遣张辽平定鲁国各县。张辽和夏侯渊在东海围攻昌豨，几个月后粮食吃光了，商议退兵。张辽对夏侯渊说："几天以来，我每次巡视东海城，昌豨总是向我凝视。另外，他们射箭变得稀少，这一定是因为昌豨在计谋上犹豫不决，所以才不努力作战。我打算邀他随便谈谈，或许可以劝他投降。"于是派人对昌豨说："曹公有信，派我转告你。"昌豨果然下城和张辽交谈，张辽劝他说："曹公神明威武，正用仁德安抚四方，先归附他的人会受到大的赏赐。"昌豨就答应投降。张辽于是一人登上三公山，进入昌豨家里，拜访他的妻子儿女。昌豨很高兴，就跟随他前往见太祖。太祖派遣昌豨回去驻守，并责备张辽说："这不是大将的做法。"张辽认错说："因为明公的威信在四海都显赫，我奉您的旨令到昌豨家，昌豨一定不敢加害于我，我才敢这样做。"张辽跟随太祖到黎阳讨伐袁谭、袁尚，建立了战功，代理中坚将军。又跟随太祖去邺城攻打袁尚，由于袁尚坚守，没有攻下。太祖回到许昌，派张辽和乐进攻克阴安，迁徙那里的百姓到黄河南岸。张辽重新跟随曹操攻打邺城，邺城被攻破。张辽另外带兵夺取赵国、常山，招降沿山抢劫的众贼和黑山贼孙轻等。跟随太祖攻打袁谭、袁谭失败。另外率兵夺取海滨地区，打败辽东贼柳毅等。回到邺郡，太祖亲自出来迎接张辽，引导他和他共同乘坐一辆车，任用张辽为荡寇将军。后又另外率兵攻打荆州，平定江夏各县，回师驻守临颍，晋爵都亭侯。张辽跟随太祖到柳城征讨袁尚，仓促和敌人遭遇，他劝太祖迎战，精神非常奋发。太祖支持他，就把用来指挥军队的旗帜送给张辽。于是进击，大败袁尚，斩杀乌桓单于蹋顿。

原文

时荆州未定，复遣辽屯长社。临发，军中有谋反者，夜惊乱起火，一军尽扰。辽谓左右曰："勿动！是不一营尽反，必有造变①者，欲以动乱人耳。"乃令军中，其不反者安坐。辽将亲兵数十人，中陈而立，有顷②定，即得首谋者杀之。陈兰、梅成以氐六县叛，太祖遣于禁、臧霸等讨成，辽督张郃、牛盖等讨兰。成伪降禁，禁还。成遂将其众就兰，转入灊山③。灊中有天柱山，高峻二十余里，道险狭，步径裁通，兰等壁其上。辽欲进，诸将曰："兵少道险，难用深入。"辽曰："此所谓一与一，勇者得前耳。"遂进到山下安营，攻之，斩兰、成首，尽虏其众。太祖论诸将功曰："登天山，履峻险，以取兰、成，荡寇功也。"增邑，假节。

①造变：制造变乱。

②有顷：不久；一会儿。

③灊（qián）山：亦作潜山。在今安徽潜山县西北。

译 文

当时荆州还未平定，又派张辽驻守长社。临出发时，军中有人图谋反叛，夜里军中受惊大乱，又着起火来，全军士兵都陷于混乱之中。张辽对身旁的人说："都不要动！这不是一营都反叛，一定是有人想造反，打算用骚动来扰乱人心。"于是下令军中，不反叛的人都安静坐下。张辽率领亲兵几十人，站在军营中间。片刻就平定下来，捉拿到谋反者的头杀了。陈兰、梅成据氐六县反叛，太祖派于禁、臧霸等征伐梅成，张辽监督指挥张郃、牛盖征伐陈兰。梅成假装投降于禁，于禁回师。梅成于是率领他的部下投奔陈兰，转移进入灊山。灊中有座天柱山，山势陡峭，高二十余里，道路艰险狭窄，步行才能通过，陈兰等在山上构筑壁垒。张辽打算进攻，众将说："我们兵少，道路艰险，难于用深入攻敌的战术。"张辽说："这就是所说的势均力敌，勇敢的一方得到胜利。"于是进军到山下扎下营寨，然后进攻，杀了陈兰、梅成，全部俘虏了他们的部下。太祖评论众将的功劳，说："登天山，踩险峻，以便攻取陈兰、梅成，是荡寇将军的功劳。"给张辽增封了食邑，并让他持节。

原 文

太祖既征孙权还，使辽与乐进、李典等将七千余人屯合肥。太祖征张鲁，教与护军薛悌，署函边曰：贼至乃发。俄而权率十万众围合肥，乃共发教，教曰："若孙权至者，张、李将军出战；乐将军守，护军勿得与战。"诸将皆疑。辽曰:"公远征在外,比救至,彼破我必矣。是以教指及其未合逆击之,折其盛势,以安众心,然后可守也。成败之机,在此一战,诸君何疑?"李典亦与辽同。于是辽夜募敢从之士,得八百人,椎①牛飨将士,明日大战。平旦,辽被甲持戟,先登陷陈,杀数十人,斩二将,大呼自名,冲垒入,至权麾下。权大惊,众不知所为,走登高冢,以长戟自守。辽叱权下战,权不敢动。望见辽所将众少,乃聚围辽数重。辽左右麾围,直前急击,围开,辽将麾下数十人得出,余众号呼曰:"将军弃我乎!"辽复还突围,拔出余众。权人马皆披靡②,无敢当者。自旦战至日中,吴人夺气,还修守备。众心乃安,诸将咸服。权守合肥十余日,城不可拔,乃引退。辽率诸军追击,几复获权。太祖大壮辽,拜征东将军。建安二十一年,太祖复征孙权,到合肥,循行辽战处,叹息者良久。乃增辽兵,多留诸军,徙屯居巢。

注释

①椎(chuí):敲打,用椎打击。

②披靡:泛指溃败、溃退。

译文

太祖征伐孙权回来以后,派遣张辽和乐进、李典等率领七千多人驻守合肥。太祖征伐张鲁时,给护军薛悌一封亲笔信,在信封边沿上写着"敌人到时再拆开"。不久,孙权率领十万军队围攻合肥。于是众将共同拆开信,信上说:"如果孙权来到,张辽、李典将军出城迎战,乐进将军守城,护军不得参战。"众将满腹疑团,张辽说:"曹公远征在外,等到救兵来到,敌人必然会攻破城池。因此信上指示我们在敌人还没有集合前给以迎头痛击,挫败他们的锐气,来安抚众心,然后才能守住城池。成败的关键,在此一战,各位君子还有什么疑惑的?"李典和张辽见解相同。于是张辽当夜募集敢于跟随自己出战的士兵,得到八百人,杀牛设宴犒劳将士,准备明日大战。清晨,张辽身披盔甲,手持长戟,身先士卒,冲锋陷阵,杀敌数十人,斩将二员。他大声喊着"我是张辽"，冲入敌兵营垒，直到孙权的指挥旗下。孙权大惊，众将不知所措，退着登上一座高丘，众将用长戟护着孙权。张辽喝叱孙权下来交战，孙权不敢动弹。望见张辽所带的兵少，才下令将张辽重重包围。张辽指挥左右突围，向前突击，冲开了包围圈。张辽率领部下几十人冲出了重围，剩下的士兵呼喊："将军！抛下我们不管吗？"张辽又回马冲进包围圈，救出了余下的士兵。孙权的人马都望风溃散，没有敢抵挡的人。从清晨到中午，东吴的士兵丧失了斗志。张辽命令回城，整修守备，军心人心得以安定，众将都佩服张辽。孙权围攻合肥十余天，不能攻克，就带兵走了。张辽率领众军追击，差一点又抓获孙权。太祖十分赏识张辽的勇猛无畏，授官征东将军。建安二十一年，太祖重新征伐孙权，来到合肥后，巡视张辽当年战斗过的地方，感慨叹息许久。于是增加张辽的兵力，多留众军，由张辽总管，迁到居巢驻守。

原 文

　　关羽围曹仁于樊，会权称藩，召辽及诸军悉还救仁。辽未至，徐晃已破关羽，仁围解。辽与太祖会摩陂。辽军至，太祖乘辇出劳①之，还屯陈郡。文帝即王位，转前将军，分封兄汎及一子列侯。孙权复叛，遣辽还屯合肥，进辽爵都乡侯。给辽母舆车，及兵马送辽家诣屯。敕辽母至，导从出迎。所督诸军将吏皆罗拜②道侧，观者荣之。文帝践阼③，封晋阳侯，增邑千户，并前二千六百户。黄初二年，辽朝洛阳宫，文帝引辽会建始殿，亲问破吴意状④。帝叹息顾左右曰："此亦古之召虎也。"为起第舍，又特为辽母作殿；以辽所从破吴军应募步卒，皆为虎贲。孙权复称藩。辽还屯雍丘，得疾。帝遣侍中刘晔将太医视疾，虎贲问消息，道路相属⑤。疾未瘳⑥，帝迎辽就行在所，车驾亲临，执其手，赐以御衣，太官日送御食。疾小差，还屯。孙权复叛，帝遣辽乘舟，与曹休至海陵，临江。权甚惮焉，敕诸将："张辽虽病，不可当也，慎之！"是岁，辽与诸将破权将吕范。辽病笃，遂薨于江都。帝为流涕，谥曰刚侯。子虎嗣。六年，帝追念辽、典在合肥之功，诏曰："合肥之役，辽、典以步卒八百，破贼十万，自古用兵，未之有也，使贼至今夺气，可谓国之爪牙矣。其分辽、典邑各百户，赐一子爵关内侯。"虎为偏将军，薨。子统嗣。

注 释

①劳：犒劳。

②罗拜：围绕着下拜。

③践阼：走上阼阶主位；即位，登基。

④意状：情况、情景。

⑤相属：相接连、相继。

⑥瘳（chōu）：痊愈。

译 文

关羽在樊县围攻曹仁，恰巧碰上这时孙权向魏称臣，太祖召张辽和众军都回来救曹仁。张辽还没有到，徐晃已经打败关羽，解除了对曹仁的包围。张辽与太祖在摩陂会合。张辽军队赶到时，太祖乘辇车出来慰劳他们，回来驻守陈郡。魏文帝即王位后，张辽转任前将军，又封他哥哥张汛和一个儿子做列侯。孙权重新反叛，文帝派遣张辽回军驻守合肥，晋升张辽的爵位为都乡侯。把皇帝乘坐的车，送给张辽的母亲。又派兵马把张辽的家人送到驻守的地方，并下诏：张辽的母亲到达时，仪仗队要出来迎接。张辽所监督指挥的众军将吏都在路旁围着下拜，观看的人都认为张辽很荣耀。文帝登基后，封张辽为晋阳侯，加封食邑千户，加上以前封的共二千六百户。黄初二年，张辽到洛阳宫朝见文帝，文帝在建始殿接见了他，亲自询问打败吴军时的情景。文帝听后感叹地回顾左右说："这也是古代的召虎啊！"为他兴建府第，又特意为张辽的母亲建造殿堂。由张辽招募跟随他打败吴军的步兵，都被任用作虎贲。孙权再次向魏称臣。张辽回军驻守雍丘，得病。文帝派侍中刘晔带太医给他看病，询问他病情的虎贲在路上络绎不绝。病还没有好，文帝就迎接张辽到他的住所。文帝亲自去看望张辽，握着他的手，赐给他皇上的衣服，太官每天送给他皇帝的饮食。病刚好一点儿，就回到驻地。孙权又反叛，文帝派遣张辽和曹休乘船到达海陵，来到长江之滨。孙权十分害怕他，告诫众将："张辽虽然患病，但勇不可挡，要对他谨慎。"这一年，张辽和众将打败孙权的将领吕范。张辽病重，最后在江都去世。文帝为他流泪，谥号刚侯。儿子张虎继承爵位。黄初六年，文帝追念张辽、李典在合肥的战功，下诏说："合肥战役，张辽、李典用步兵八百人打败敌人十万，自古用兵，不曾有过。如此使敌人至今丧气，真可以说是国家的武臣啊！从张辽、李典食邑中各分出一百户，赐给一个儿子爵关内侯。"张虎充当偏将军，死后，他的儿子张统继承爵位。

刘劭传

　　刘劭字孔才，广平邯郸人也。建安中，为计吏①，诣许。太史上言："正旦②当日蚀。"劭时在尚书令荀彧所，坐者数十人，或云当废朝，或云宜却会③。劭曰："梓慎、裨灶，古之良史，犹占水火，错失天时。《礼记》曰诸侯旅见天子，及门不得终礼者四，日蚀在一。然则圣人垂④制，不为变异豫废朝礼者，或灾消异伏，或推术谬误也。"彧善其言。敕朝会如旧，日亦不蚀。

注　释

　　①计吏：古代州郡掌簿籍并负责上计的官员。

　　②正旦：农历正月初一。

　　③却会：指废除各地官员进京的朝会。

　　④垂：垂范。

译　文

　　刘劭，字孔才，是广平邯郸人。汉献帝建安中，任计吏，到达许昌。太史进言说："正月初一正当日蚀。"刘劭

▲ 刘　劭

当时在尚书令荀彧那里，在座的有数十人，有的说应当免去上朝，有的说应当推却朝见。刘劭说："梓慎和裨灶，是古时候的出色史官，尚且占卜水火之灾而错失天时。《礼记》说，诸侯谒见天子，到宫门不能完成拜谒礼仪的原因有四个，日蚀是其中之一。但是圣人留下制度不因为灾变怪异而预先废除朝廷礼仪，是由于有的灾变消除怪异隐伏的，有的推算谬误。"荀彧赞同他的说法。敕命朝见照旧，日蚀也没有发生。

原文

御史大夫郗虑辟劭，会虑免①，拜太子舍人，迁秘书郎。黄初中，为尚书郎、散骑侍郎。受诏集五经群书，以类相从，作《皇览》。明帝即位，出为陈留太守，敦崇教化，百姓称之。征拜骑都尉，与议郎庾嶷、荀诜等定科令，作《新律》十八篇，著《律略论》。迁散骑常侍。时闻公孙渊受孙权燕王之号，议者欲留渊计吏，遣兵讨之。劭以为："昔袁尚兄弟归渊父康，康斩送其首，是渊先世之效忠也。又所闻虚实，未可审知。古者要荒②未服，修德而不征，重劳民也。宜加宽贷，使有以自新。"后渊果断送权使张弥等首。劭尝作《赵都赋》，明帝美之，诏劭作《许都》《洛都赋》。时外兴军旅，内营宫室，劭作二赋，皆讽谏焉。

注释

①免：古同"勉"，勉励。此处指推荐。
②要荒：泛指远方之国。

译文

御史大夫郗虑征召刘劭，恰好郗虑被免职，刘劭被任命为太子舍人，升为秘书郎。魏文帝黄初中，为尚书郎、散骑侍郎。接受诏命会集五经群书，分类编排，著《皇览》。魏明帝曹叡即位，出任陈留太守，一心推崇教化，百姓十分感戴他。调任骑都尉，与议郎庾嶷、荀诜等编定法令条例，著《新律》十八篇，撰《律略论》。升任散骑常侍。当时听说公孙渊接受孙权封赠的燕王称号，商议的人想将公孙渊作为计吏留在洛阳，派遣军队讨伐他的部属。刘劭认为："从前袁尚兄弟归顺公孙渊的父亲公孙康，公孙康将他们的头砍下来送给魏武帝曹操，这是公孙渊前辈效忠的表现。同时听到的消息是虚是实，还没有真正搞清楚。古时候边远地区没有归顺，天子推行仁政而不进行征讨，对安抚百姓十分重视，应当加以宽恕，给他自新的机会。"后来公孙渊果真将孙权使者张弥等人的头砍下来送给魏明帝曹叡。刘劭曾作《赵都赋》，明帝十分赞赏，诏命刘劭作《许都赋》《洛阳赋》。当时对外用兵，在内营建宫室，刘劭作此两篇赋，对此都进行了讽谏。

原　文

青龙中，吴围合肥。时东方吏士皆分休，征东将军满宠表请中军兵，并召休将士，须集击之。劭议以为："贼众新至，心专气锐。宠以少人自战其地，若便进击，不必能制。宠求待兵，未有所失也。以为可先遣步兵五千，精骑三千，军前发，扬声进道，震曜形势。骑到合肥，疏其行队，多其旌鼓，曜兵①城下，引出贼后，拟其归路，要其粮道。贼闻大军来，骑断其后，必震怖遁走，不战自破贼矣。"帝从之。兵比至合肥，贼果退还。

注　释

①曜兵：指炫耀武力。

译　文

明帝青龙年间，吴国兵围合肥。当时东部的将士都分别休假，征东将军满宠上表请用中军兵，并召回休假将士，将集结军队后进击他们。刘劭建议认为："贼人众多，刚刚到达，思想专注，气势逼人。满宠因人少在自己的地盘内自卫，如果立即进击，必定不能取性。满宠请求等待集结兵力，没有不对的地方。我认为可以先派步兵五千，精锐骑兵三千，军队向前进发，一路上大造声势，耀武扬威。骑兵到达合肥，将队伍疏散，多置旌旗军鼓，在城下炫耀武力，将贼人引出城后，摸清他们的归路，截断他们的粮道。贼人听说大军到来，骑兵截断他们的后路，必定惊慌逃跑，不用交战便将贼人打败了。"明帝听从了他的主张。军队到达合肥，贼人果真退回。

原 文

时诏书博求众贤。散骑侍郎夏侯惠荐劭曰："伏见常侍刘劭，深忠笃思，体周于数，心所错综①，源流弘远，是以群才大小、咸取所同而斟酌焉。故性实之士服其平和良正，清静之人慕其玄虚退让，文学之士嘉其推步②详密，法理之士明其分数精比，意思③之士知其沈深笃固，文章之士爱其著论属辞，制度之士贵其化略较要，策谋之士赞其明思通微。凡此诸论，皆取适己所长而举其支流者也。臣数听其清谈，览其笃论，渐渍④历年，服膺弥久，实为朝廷奇其器量。以为若此人者，宜辅翼机事，纳谋帏幄，当与国道俱隆，非世俗所常有也。惟陛下垂优游之听，使劭承清闲之欢，得自尽于前，则德音上通，辉耀日新矣。"

注 释

①错综：纵横交叉。
②推步：原指推算天象历法。此处乃推断之意。
③意思：思想深刻。
④渍：浸染，熏陶。

译 文

当时朝廷下诏书广求各种贤人，散骑侍郎夏侯惠举荐刘劭说："臣见常侍刘劭，忠心耿耿，深谋远虑，对于礼数领悟周详，凡是经他归纳总结的，均源流广大深远，因此各种大小才干的人，都从他那里取出共同点而加以吸收。所以性情老实的士人佩服他平和正直，追求清静的人仰慕他沉着谦让，博学的士人赞美他对天文历法推算周密，原则性强的士人了解他剖刺精审，头脑清醒的士人知道他深沉稳重，文人学士喜欢他著书立说，拟议法规的士人看重他去粗取精，出谋划策的士人颂扬他思想敏锐明察秋毫。所有这些议论，都是选择符合自己的口味的长处而举出他的支流罢了。我多次听他清谈，察看他的高论，浸渍经年，服膺良久，替朝廷着想，实在惊叹他的器量。让为像这样的人才，适宜辅佐机密要事，在军中出谋献策，理当与国家的治道同样受到尊崇，不是世俗间经常具有的。愿陛下愉快地倾听意见，让刘劭轻松地得到信用，能在陛下面前奉献自己的全部才华，如此则美言得以上达，朝政必将日新月异。"

原文

景初中，受诏作《都官考课①》。劭上疏曰："百官考课，王政之大较。然而历代弗务，是以治典阙而未补，能否混而相蒙。陛下以上圣之宏略，愍②王纲之弛颓，神虑内鉴，明诏外发。臣奉恩旷然，得以启矇，辄作《都官考课》七十二条，又作《说略》一篇。臣学寡识浅，诚不足以宣畅③圣旨，著定典制。"又以为宜制礼作乐，以移风俗，著《乐论》十四篇。事成未上，会明帝崩，不施行。正始中，执经讲学，赐爵关内侯。凡所撰述，《法论》《人物志》之类百余篇。卒，追赠光禄劭。子琳嗣。

注释

①考课：古代官吏考核制度的一种。即对官员定期进行考核，并依考核的结果进行奖惩。

②愍：哀怜，怜悯。

③宣畅：宣扬；传布。

译文

魏明帝景初中，接受诏命作《都官考课》。刘劭上书说："考验百官的功过，是王政的大法。然而历代不加重视，因此治国的大典残缺而没有进行修补，使得能与不能混杂而相至遮掩。陛下凭借上等圣人的宏图大略，忧心王纲的废弛，思虑如神，心地似镜，高明的诏书向外发出。我接受恩典，豁然开朗，茅塞顿开，便作《都官考课》七十二条，又作《说略》一篇。我学识浅薄，实在不足以表达圣意，制定典章制度。"又认为应当制礼作乐，以移风易俗，著《乐论》十四篇。大功告成，没有来得及上奏，恰好明帝逝世，没有得以施行。魏齐王正始中，敕经讲学，赐爵关内侯。他的全部著作，有《法论》《人物志》等一百多篇。死后，追赠光禄勋。儿子刘琳世袭爵位。

邓艾传

原 文

邓艾字士载，义阳棘阳人也。少孤。太祖破荆州，徙汝南，为农民养犊。年十二，随母至颍川，读故太丘长陈寔①碑文，言"文为世范，行为士则"，艾遂自名范，字士则。后宗族有与同者，故改焉。为都尉学士，以口吃，不得作干佐②，为稻田守丛草吏。同郡吏父怜其家贫，资给甚厚，艾初不称谢。每见高山大泽，辄

▲ 邓 艾

规度③指画军营处所，时人多笑焉。后为典农纲纪，上计吏，因使见太尉司马宣王。宣王奇之，辟之为掾，迁尚书郎。

注 释

①陈寔（104 年—187 年）：字仲弓，颍川许县（今河南许昌长葛市古桥镇陈故村）人。东汉时期官员、名士。

②干佐：主管某项事务的辅佐官员。

③规度：规划测度。

译　文

邓艾，字士载，义阳棘阳人。少年时代就失去了父亲。魏太祖曹操攻破荆州，邓艾迁居汝南，替农民养小牛。十二岁时，跟随母亲到颍川，读前任太丘长陈寔的碑文，看到碑文中说："文章为世人典范，行为是读书人的准则。"邓艾于是自己起名为范，字士则。后因与宗族有人同名，所以改名为艾，字士则。曾充当都尉学士，因为口吃，不能作干佐，充当稻田守丛小吏。同郡一个可作他父辈的官吏同情他家中清贫，赠给他家的财物很多，邓艾最初不表示感谢。每次看见高山大泽，就指点规划设立军营的地方，当时人们大多笑话他。后来充当典农纲纪、上计吏，奉使往见太尉司马宣王。司马宣王认为他才能出众，召征他为掾吏，又升任尚书郎。

原　文

时欲广田畜谷，为灭贼资，使艾行陈、项已东至寿春。艾以为田良水少，不足以尽地利，宜开河渠，可以引水浇溉，大积军粮，又通运漕之道。乃著《济河论》以喻其指。又以为："昔破黄巾，因为屯田，积谷于许都以制四方。今三隅①已定，事在淮南，每大军征举，运兵过半，功费巨亿，以为大役。陈、蔡之间，上下田良，可省许昌左右诸稻田。并水东下，令淮北屯二万人，淮南三万人，十二分休，常有四万人，且田且守②。水丰常收三倍于西，计除众费，岁完五百万斛以为军资。六七年间，可积三千万斛于淮上，此则十万之众五年食也。以此乘吴，无往而不克矣。"宣王善之，事皆施行。正始二年，乃开广漕渠。每东南有事，大军兴众，泛舟而下，达于江、淮、资食有储而无水害，艾所建也。

注　释

①三隅：三面。

②且田且守：边种田边戍守。

译 文

　　当时朝廷打算拓广田地，储备谷物，作为消灭贼军的资本。派邓艾巡查陈、项以东直至寿春地区一带，邓艾认为土地虽好，但缺少水源，不能够充分发挥土地适宜种植作物的条件，应当开凿河渠，可以引水灌溉。这样既能大量储积军队用粮，又可以开通运输粮食供应京城或送往指定公仓的水路。于是撰写《济河论》，来说明他的意图。他认为："从前打败黄巾军，因为实行屯田，在许昌积蓄谷物，用以控制四方。现在三面的边境都已平定，战事发生在淮南，每次大军出动征伐，运输粮食的士兵超过半数，人力费用以上亿计算，被认为是巨大的劳役。陈、蔡之间，土地低平，耕田优良，可以省去许昌附近的各处稻田。把水积聚起来向东流，命令淮北驻屯垦兵二万人，淮南驻屯垦兵三万人，十分之二轮流休息，平常可有四万，一边耕种田地，一边进行防守。水源丰足，常年收获要三倍于西部地区，计算中扣除屯田者自费，每年交纳五百万斛充作军资。六七年之间，可以在淮河一带积蓄三千万斛粮食，这就足够十万大军五年的食用。用这些力量利用机会攻打吴国，没有不被攻破的。"司马宣王认为他说的好，事情全都得到施行。正始二年，就把运粮的河渠开凿宽阔。每次东南发生战事，出动大军，乘船而下，到达长江、淮河一带，军资粮食有所储备而没有水的灾害，这都是邓艾所建立的功劳。

原 文

　　出参征西军事，迁南安太守。嘉平元年，与征西将军郭淮拒蜀偏将军姜维。维退，淮因西击羌。艾曰："贼去未远，或能复还，宜分诸军以备不虞[①]。"于是留艾屯白水北。三日，维遣廖化自白水南向艾结营。艾谓诸将曰："维今卒还，吾军人少，法当来渡而不作桥。此维使化持[②]吾，令不得还。维必自东袭取洮城。"洮城在水北，去艾屯六十里。艾即夜潜军径列，维果来渡，而艾先至据城，得以不败。赐爵关内侯，加讨寇将军，后迁城阳太守。

少年读三国志

①不虞：指出乎意料的事。

②持：牵制。

译文

司马懿命邓艾参与征西军事，调升为南安太守。嘉平元年，邓艾和征西将军郭淮抗拒蜀国偏将军姜维。姜维受阻，引军退还，郭淮趁机向西方攻打羌人。邓艾说："贼军离开不远，或者能够又回来，应当分兵防守以防意外。"于是留下邓艾驻守在白水北边。三天后，姜维派遣廖化从白水南岸向邓艾驻守的地方进发并扎下营垒。邓艾对各位将领说："姜维的军队现在突然返回，我军人少。依照兵法，敌人应当渡河进攻，却不兴建桥梁。这是姜维指使廖化来牵制我，叫我不能返回。姜维一定从东边袭取洮城。"洮城在白水北岸，距离邓艾的军营有六十里。邓艾立即在夜晚秘密地行军一直赶到洮城，姜维果然前来渡河，而邓艾的军先到占据了洮城，因此没有失败。赐封邓艾爵位关内侯，加封讨冠将军，后来又调任城阳太守。

原文

是时并州右贤王刘豹并为一部，艾上言曰："戎狄兽心，不以义亲，强则侵暴，弱则内附，故周宣有猃狁之寇，汉祖有平城之围。每匈奴一盛，为前代重患。自单于在外，莫能牵制长卑。诱而致之，使来入侍。由是羌夷失统，合散无主。以单于在内，万里顺轨①。今单于之尊日疏，外土之威浸重，则胡虏不可不深备也。闻刘豹部有叛胡，可因叛割为二国，以分其势。去卑功显前朝，而子不继业，宜加其子显号，使居雁门。离国弱寇，追录旧勋，此御边长计也。"又陈："羌胡与民同处者，宜以渐出之，使居民表崇廉耻之教，塞奸宄②之路。"大将军司马景王新辅政，多纳用焉。迁汝南太守，至则寻求昔所厚己吏父。久已死，遣吏祭之，重遗其母，举其子与计吏。艾所在，荒野

118

开辟，军民并丰。

①顺轨：遵从礼制法度，归顺正道。

②奸宄（guǐ）：犯法作乱的坏人。

译 文

　　这时并州右贤王刘豹把匈奴合并为一部。邓艾上书说："戎狄是野兽心肠，不讲正义姻亲，强大了就要侵犯中原，实施强暴，弱小时就向中央依顺附从，所以周宣王时有猃狁的侵扰，汉高祖在平城遇到围困。每次匈奴一强盛起来，都是前代的重大祸患。由于匈奴的单于在中国之外，中国不能牵制他们的君王和臣子。后来诱使他们接近，得到他们的单于，让他们来入朝服侍。因此羌、夷失去统帅，聚合分散都没有人主管。因为单于在中国内部，所以万里之内都沿着一个轨道前进。现在单于的尊严日益减少，外地首领的威望逐渐提高，那么对胡贼就不能不加深防备了。听说刘豹的部下有叛逆的胡人，可以乘着叛变把他们分割为二国，用来分散他的势力。去卑的功劳在前朝很显著，而他的儿子不能继承他的事业，应该给他的儿子加封显贵的称号，让他居住在雁门。分裂匈奴的国家，削弱敌人的力量，追忆记录旧日的功臣，这是治理边疆的长久计策。"又陈述说："羌胡与汉民同住一个地方的，应该逐渐把他们分离开来，使得汉民以崇尚礼义廉耻教化的人为榜样，堵塞邪恶犯法作乱的人的道路。"大将军司马景王刚刚辅佐国政，对邓艾的建议大多能采纳施行。邓艾调任汝南太守，到了汝南，就去寻找从前厚待自己的父辈官吏，由于时间长久，他已经去世了，邓艾就派遣官吏去祭祀他，赠送他母亲贵重的财物，推举他的儿子做计吏。邓艾所治理的地方，荒芜的原野都开辟成良田，军队和百姓都过着丰足的生活。

原　文

　　诸葛恪围合肥新城，不克，退归。艾言景王曰："孙权已没，大臣未附，吴名宗大族，皆有部曲①，阻兵仗势，足以建命。恪新秉国政，而内无其主，不念抚恤上下以立根基，竞于外事，虐用其民，悉国之众，顿于坚城，死者万数，载祸而归，此恪获罪之日也。昔子胥、吴起、商鞅、乐毅皆见任时君，主没而败。况恪才非四贤，而不虑大患，其亡可待也。"恪归，果见诛。迁兖州刺史，加振威将军。上言曰："国之所急，惟农与战，国富则兵强，兵强则战胜。然农者，胜之本也。孔子曰'足食足兵'，食在兵前也。上无设爵之劝，则下无财畜之功。今使考绩之赏，在于积粟富民，则交游之路绝，浮华之原塞矣。"

注　释

　　①部曲：本为军队编制及私兵之称。借指军队。

译　文

　　诸葛恪围攻合肥新城，没有攻取，退兵回师。邓艾对司马景王说："孙权现在已经去世，大臣还没有归服，吴国的名宗大族，全都有自己的部曲，依仗兵势，足以夺取帝位。诸葛恪刚刚执掌国政，而内部还没有君主。他不想去抚慰救济上上下下，以建立自己的根基，却在外部事情上争逐，暴虐地使用他的民众，用全国的军队力量打新城，在坚固的城下陷于困境，死的人有一万多，结果带着灾祸返回了吴国，这是诸葛恪获罪的日子。从前伍子胥、吴起、商鞅、乐毅都被当时的君主所重用，君主去世后就遭到惨败。何况诸葛恪的才干赶不上这四位贤人，而不忧虑大的祸害，他的灭亡指日可待了。"诸葛恪回师后，果然被杀害。邓艾又调升为兖州刺史，加封为振威将军。邓艾上书说："国家所急需做好的，只是农业与打仗。国家富裕就会兵力强大，兵力强大，作战才能取得胜利，然而农业才是胜利的根本。孔子说'粮食、军备都很充足'，把粮食放在军备的前面。上面如果没有设置爵位奖励耕作储粮，下面就没有创造、积蓄财富的干劲。如果现在把考察政绩时的奖赏，给予储积粮食、使民众富裕的人，那么托人情游说的道路会断绝，追求浮华的根源也堵塞了。"

原文

高贵乡公即尊位，进封方城亭侯。毌丘俭作乱，遣健步①赍书②，欲疑惑大众。艾斩之，兼道进军，先趣乐嘉城，作浮桥。司马景王至，遂据之。文钦以后大军破败于城下，艾追之至丘头。钦奔吴。吴大将军孙峻等号十万众，将渡江。镇东将军诸葛诞遣艾据肥阳，艾以与贼势相远，非要害之地，辄移屯附亭，遣泰山太守诸葛绪等于黎浆拒战，遂走之。其年征拜长水校尉，以破钦等功，进封方城乡侯，行安西将军。解雍州刺史王经围于狄道，姜维退驻钟提，乃以艾为安西将军，假节、领护东羌校尉。议者多以为维力已竭，未能更出。艾曰："洮西之败，非小失也。破军杀将，仓廪空虚，百姓流离，几于危亡。今以策言之：彼有乘胜之势，我有虚弱之实，一也；彼上下相习，五兵犀利，我将易兵新，器杖未复，二也；彼以船行，吾以陆军，劳逸不同，三也；狄道、陇西、南安、祁山，各当有守，彼专为一，我分为四，四也；从南安、陇西，因食羌谷，若趣祁山，熟麦千顷，为之县饵，五也。贼有黠数，其来必矣。"顷之，维果向祁山，闻艾已有备，乃回从董亭趣南安，艾据武城山以相持。维与艾争险，不克。其夜，渡渭东行，缘山趣上邽。艾与战于段谷，大破之。甘露元年诏曰："逆贼姜维连年犯黠，民夷骚动，西土不宁。艾筹画有方，忠勇奋发，斩将十数，馘首③千计，国威震于巴、蜀，武声扬于江、岷。今以艾为镇西将军、都督陇右诸军事，进封邓侯。分五百户封子忠为亭侯。"二年，拒姜维于长城，维退还。迁征西将军，前后增邑凡六千六百户。景元三年，又破维于侯和，维却保沓中。四年秋，诏诸军征蜀，大将军司马文王皆指授节度，使艾与维相缀连。雍州刺史诸葛绪要维，令不得归。艾遣天水太守王颀等直攻维营，陇西太守牵弘等邀其前，金城太守杨欣等诣甘松。维闻钟会诸军已入汉中，引退还。欣等追蹑于强川口，大战，维败走。闻雍州已塞道，屯桥头，从孔函谷入北道，欲出雍州后。诸葛绪闻之，却还三十里。维入北道三十余里，闻绪军却，寻还。从桥头过，绪趣截维，较一日不及。维遂东引，还守剑阁。钟会攻维未能克。艾上言："今贼摧折，宜遂乘之，从阴平由邪径经汉德阳亭趣涪，出剑阁西百里，去成都三百余里，奇兵冲其腹心。剑阁之守必还赴涪，则会方轨④而进；剑阁之军不还，则应涪之兵寡矣。军志有之曰：'攻其无备，出其不意。'今掩其空虚，破之必矣。"

注释

①健步：指善于走路的人。常被派去送信或办理急事。

②赍（jī）书：送信，携带信函。

③馘（guó）首：与敌国交战时取得的敌人首级。

④方轨：车辆并行。

译文

高贵乡公登基，进封邓艾为方城亭侯。毋丘俭发动叛乱，派遣善于奔走的士兵带去书信，打算迷惑大众。邓艾杀了使者，兼程进军，首选奔赴乐嘉城，架设浮桥。司马景王来到后，就占据了乐嘉。文钦的大军因为来晚了而战败在城下，邓艾追击文钦，追到丘头，文钦逃跑到吴国。吴国大将军孙峻等人率领大军，号称十万，准备渡过长江。镇东将军诸葛诞派遣邓艾去据守肥城，邓艾认为肥城跟贼军攻击方向相距很远，不是要害地方，就自己转移到附亭驻守，派遣泰山太守诸葛绪等在黎浆拒敌作战，于是把敌人赶走。这一年授官长水校尉。又因为他有打败文钦等战功，进封他的爵位为方城乡侯，代行安西将军的职务。邓艾在狄道解除了对雍州刺史王经的包围，姜维退军，驻扎钟提，于是任命邓艾为安西将军，持节，兼任护东羌校尉。朝廷中的谏议官员们大多认为姜维的兵力已经竭尽，没有能力再出兵进攻。邓艾说："洮西之败，不是小的失败。打败了我们的军队，杀死将领，仓库空虚了，百姓流徙离散，差不多陷于危亡。现在通过比较计算说一下：对方有乘胜进攻的气势，我们有虚弱的实际，这是第一；对方将士上下互相熟悉，矛、戟、弓、剑、戈等五种兵器锋利，我们改换了将领，新增了士兵，损坏了的兵器没有修复，这是第二；对方用船运兵行军，我们军队走陆路，辛劳安逸不同，这是第三；狄道、陇西、南安、祁山，每个地方都应当有兵防守，对方把兵力集中在一起，我方军队分为四处，这是第四；姜维从南安、陇西出兵，可以顺便食用羌人的粮食，倘若奔赴祁山，那里有成熟的麦子上千顷之多，是吸引他们前来的饵料，这是第五。逆贼狡黠善算，他一定会来。"不久，姜维果然向祁山进军，听说邓艾已有防备，便返回从董亭奔赴南安。邓艾占据了武城山，与姜维相持。姜维与邓艾争夺险要地形，没有攻下。这天夜里，姜维渡过渭河向东进军，沿着山路奔赴上邽。邓艾与姜维在段谷交战，把姜维打得大败。甘露元年下诏说："逆贼姜维狡猾，连续多年，使民众和夷人骚动，西方边境不得安宁。邓艾筹划有方，忠诚勇敢，奋发进取，杀死敌军将领十几员，杀死敌军士兵以千计算，国家的威望震动了巴、蜀，武力的名声在长江、泯江一带传扬。现在任命邓艾充当镇西将军，统领陇右各军军务，进封爵位为邓侯。把他的食邑分出五百户封给他的儿子邓忠，封邓忠充当亭侯。"二年，邓艾在长城抗拒姜维，姜维退回去。迁升邓艾作征西将军，前后赐封的食邑一共六千六百户。景元三年，又在侯和打败姜维，姜维退回去保住沓中。景元四年秋天，下诏命令各军征伐蜀国，大将军司马文王统帅全部军队，亲自指挥，让邓艾和姜维交兵相持；派雍州刺史诸葛绪拦腰堵截姜维，让姜维无法退回去。邓艾派遣天水太守王顺等人直接进攻姜维的营地，陇西太守牵弘等人在姜维前面阻拦，金城太守杨欣等人前往甘松。姜维听说钟会各军已经进入汉中，带领军队退回。杨欣等人跟踪追击到强川口，双方发生大战，姜维战败逃走。姜维听说雍州的军队已经阻塞了道路，占据了桥头，于是便从孔函谷进入北部道路，打算出兵绕到雍州军队的背后。诸葛绪听说后，往回退去三十里。

姜维进入北道三十多里后，听说诸葛绪退兵，赶紧往回走，从桥头过去。诸葛绪赶上去阻截姜维，但晚了一天，没有赶上。姜维于是领兵向东，退回去坚守剑阁。钟会的军队进攻姜维没能攻下。邓艾上书说："现在贼军的力量已经受到摧折，应该乘胜进军。如果从阴平出发由小路经过蜀汉的德阳亭奔赴涪县，此地在剑阁西一百里，离成都三百多里，在这里出奇兵冲击蜀汉的心腹地区，那么剑阁的守军必然往回东赴涪县，而钟会就可以两车并行着向前推进。如果剑阁的留军不往回撤，那么接应涪县的兵就很少了。军志上有句话叫：'乘对方没有防备的时候，而突然出兵攻击他。'现在偷袭他们的空虚地带，打败他们是确定不疑的。"

原文

冬十月，艾自阴平道行无人之地七百余里，凿山通道，造作桥阁，山高谷深，至为艰险，又粮运将匮，频于危殆。艾以毡自裹，推转而下。将士皆攀木缘崖，鱼贯而进。先登至江由，蜀守将马邈降。蜀卫将军诸葛瞻自涪还绵竹，列陈待艾。艾遣子惠唐亭侯忠等出其右，司马①师纂等出其左。忠、纂战不利，并退还，曰："贼未可击。"艾怒曰："存亡之分，在此一举，何不可之有？"乃叱忠、纂等，将斩之。忠纂驰还更战，大破之，斩瞻及尚书张遵等首，进军到雒。刘禅遣使奉皇帝玺绶，为笺②诣艾请降。

注释

①司马：古代职官名称。殷商时代始置，位次三公，与六卿相当，与司徒、司空、司士、司寇并称五官，掌军政和军赋，春秋、战国沿置。汉武帝时置大司马，作为大将军的加号，后亦加于骠骑将军，后汉单独设置，皆开府。隋唐以后为兵部尚书的别称。

②笺：文体名，书札、奏记一类。也指写给帝王的书信。

译 文

冬季十月，邓艾从阴平出发，走了七百余里的无人之地，凿山开路，架桥梁，建阁道，山高谷深，极为艰险，运来的粮食也将吃尽，濒临危险的绝境。邓艾用毡毯裹着自己，翻转着滚下山去。将士们也都攀援着树木崖壁，鱼贯而进。邓艾首先到达江油，蜀国守将马邈投降。蜀国卫将军诸葛瞻从涪城回到绵竹，列好兵阵等待邓艾进攻。邓艾派他儿子惠唐亭侯邓忠等人攻其右翼，派司马师纂等人攻其左翼。邓忠、师纂战斗不利，都退了回来，说："贼军不可击破。"邓艾恼怒说："存亡之别在此一举，有什么不可以被打败的？"就责叱邓忠、师纂等人，要把他们斩首。邓忠、师纂等策马奔回再次交战，大败贼军，斩下诸葛瞻和尚书张遵等人的人头，进军到雒城。刘禅派遣使者送上皇帝玺印授带，写了信前往邓艾那里请求投降。

原 文

艾至成都，禅率太子诸王及群臣六十余人面缚舆榇^①诣军门。艾执节解缚焚榇，受而宥^②之。检御将士，无所虏略，绥纳降附，使复旧业，蜀人称^③焉。辄依邓禹故事，承制拜禅行骠骑将军，太子奉车、诸王驸马都尉。蜀群司各随高下拜为王官，或领艾官属。以师纂领益州刺史，陇西太守牵弘等领蜀中诸郡。使于绵竹筑台以为京观，用彰战功，士卒死事者皆与蜀兵同共埋藏。艾深自矜伐^④，谓蜀士大夫曰："诸君赖遭某，故得有今日耳。若遇吴汉之徒，已殄灭矣。"又曰："姜维自一时雄儿也，与某相值，故穷耳。"有识者笑之。

注 释

①榇（chèn）：泛指棺材。

②宥（yòu）：宽容，饶恕。

③称：称许，称道。

④矜伐：恃才夸功、夸耀。

译文

邓艾到了成都，刘禅率领太子诸王和群臣六十余人反绑双手，而脸朝前，又用车拉棺材，前往军营门前表示投降。邓艾手持节杖，解开他们的绑缚，焚烧了棺材，接受投降并且宽恕了他们。邓艾检查约束手下将士，没有掳掠抢劫的现象，安抚任命投降归顺人员，使他们全回复旧业。蜀人赞扬邓艾。邓艾就依照邓禹的成例，授官刘禅为行骠骑将军，授官太子为奉车都尉，各位亲王为驸马都尉。蜀群臣各自根据地位的高低授官为王官，有的人领受了邓艾属下的官职。任命师纂代理益州刺史，任命陇西太守牵弘等人代管蜀中各郡。派人在绵竹修理高台作为京观，用来表彰战功。士兵在战争中死亡的，全和蜀兵一起埋葬。邓艾甚为居功自傲，他对蜀国的士大夫们说："各位君子多亏遇到了我，所以才能有今日；如果遇到吴汉那样的人，恐怕已经被杀光了。"又说："姜维自然是一时的英雄，只是遇上了我，才失败了。"有见识的人都嘲笑他。

原文

十二月，诏曰："艾曜威奋武，深入虏庭，斩将搴旗①，枭其鲸鲵②，使僭号之主，稽首系颈，历世逋诛，一朝而平。兵不逾时，战不终日，云彻席卷，荡定巴蜀。虽白起破强楚，韩信克劲赵，吴汉禽子阳，亚夫灭七国，计功论美，不足比勋也。其以艾为太尉，增邑二万户；封子二人亭侯，各食邑千户。"艾言司马文王曰："兵有先声而后实者，今因平蜀之势以乘吴，吴人震恐，席卷之时也。然大举之后，将士疲劳，不可便用，且徐缓之。留陇右兵二万人，蜀兵二万人，煮盐兴冶，为军农要用；并作舟船，豫顺流之事，然后发使告以利害，吴必归化，可不征而定也。今宜厚刘禅以致孙休，安士民以来远人。若便送禅于京都，吴以为流徒，则于向化之心不劝。宜权停留，须来年秋冬，比尔吴亦足平。以为可封禅为扶风王，锡其资财，供其左右。郡有董卓坞，为之宫舍。爵其子为公侯，食郡内县，以显归命之宠。开广陵、城阳以待吴人，则畏威怀德，望风而从矣。"文王使监军卫瓘喻艾：“事当须报，不宜辄行。"艾重言曰：“御命征行，奉指授之策，元恶既服，至于承制拜假，以安初附，谓合权宜。今蜀举众归命，地尽南海，东接吴会，宜早镇定。若待国命，往复道途，延引日月。《春秋》之义，大夫出疆，有可以安社稷，利国家，专之可也。今吴未宾，势与蜀连，不可拘常以失事机。兵法，进不求名，退不避罪。艾虽无古人之节，终不自嫌以损于国也。"钟会、胡烈、师纂等皆白艾所作悖逆，变衅以结。诏书槛车③徵艾。

注　释

①斩将搴旗：拔取敌旗，斩杀敌将，形容勇猛善战。

②鲸鲵：指鲸或比喻凶恶的敌人、借指海盗，也比喻无辜被杀之人。

③槛车：用栅栏封闭的车。用于囚禁犯人或装载猛兽。

译　文

十二月，下诏书说：“邓艾显示军威，奋扬武力，深入敌人的腹地，杀死敌将夺取旗帜，斩杀了他们带头作恶的人，使得冒用帝王尊号的首领，被绑着颈项，磕头求饶，历经几代该杀的逃犯，一个早晨就被平定。用兵没有超过时间，作战没有用一整天，浮云尽散，势如卷席，扫荡平定了巴蜀地区。即使与白起打败强大的楚国、韩信攻克强劲的赵国、吴汉捕获公孙子阳、周亚夫灭亡七国相比，计算功劳，评论美德，还不足以与这次功勋相比。任命邓艾充当太尉，增加食邑二万户。封他的两个儿子充当亭侯，各食邑一千户。"邓艾对司马文王说：“用兵有先造成声势然后发兵的情况，如今乘平定蜀国的声势去攻打吴国，吴人必将受到震恐，这是一举攻灭吴国的大好时机。但是我们在大规模用兵之后，将士们都十分疲劳，不能立即用兵，应暂缓一些时日。我想留下陇右兵二万人、蜀兵二万人，在这里煮盐、炼铁，以备军事、农事之用。同时制作舟船，预先为顺流攻吴作准备。然后派出使者告以利害，吴国必定归顺，可以不用征伐就平定吴国。如今应厚待刘禅以招致孙休，安抚读书人和老百姓，使远方的人民来归顺。倘若马上就把刘禅送到京师，吴国会以为把刘禅流放了，就没法再劝说他们归顺了。应该暂时停下来不发兵，等到明年秋天、冬天，到了那时，吴国也可以平定了。我以为可封刘禅为扶风王，赐给他资财，供给他左右侍奉之人，扶风郡有董卓坞，可当做他的官府；赐给他儿子以公侯的爵位，以郡内的县为食邑，以此来显示归顺所受到的恩宠。再开放广陵、城阳二郡作为封国以等待吴人归顺，这样他们畏惧我们的威严，感激我们的恩德，就会望风而顺从了。"司马文王让监军卫瓘去晓喻邓艾说："做事应当上报，不宜就按己意实行。"邓艾再次上书说："我受命出征，奉行指示给我的计策。现在首恶已经归附，至于秉承旨意授给他们官爵，以安抚刚刚依附之人，我认为也是合乎权宜的计策。如今蜀国举国上下都已归顺，国土南至南海，东接吴国，应该尽早使其安定下来。如果等待国命，来往于道路，就会拖延时日。《春秋》之义说：'大夫出国在外，如果有可以安社稷、利国家之事，自行决断是可以的。'如今吴国尚未归附，势必与蜀国联合，所以不可以拘于常理，而失去事情成功的机会。《兵法》上说：进不求名，退不避罪。我虽然没有古人的节操，也终究不会自我疑惑而损害国家利益！"钟会、胡烈、师纂等人一起告发邓艾所做的大逆不道的事，认为他有变乱的征兆，并且具结担保所说是实。朝廷下诏书命令用槛车把邓艾送到京师来。

原文

艾父子既囚，钟会至成都，先送艾，然后作乱。会已死，艾本营将士追出艾槛车，迎还。瓘遣田续等讨艾，遇于绵竹西，斩之。子忠与艾俱死，余子在洛阳者悉诛，徙[1]艾妻子及孙于西域。

注释

①徙：分配，流放。

译文

邓艾父子被囚禁后，钟会到了成都，先送走邓艾，然后叛乱。钟会被杀死以后，邓艾本营将士追赶囚禁邓艾的槛车，把邓艾放出，迎接回去。卫瓘派遣田续等人征伐邓艾，在绵竹西边相遇，把邓艾杀了。儿子邓忠和邓艾一块被杀，在洛阳的其余儿子也都被诛杀，把邓艾的妻子和孙子迁到西域居住。

原 文

初，艾当伐蜀，梦坐山上而有流水，以问殄虏护军爰邵。邵曰："按《易》卦，山上有水曰蹇。蹇繇曰：'蹇利西南，不利东北。'孔子曰：'蹇利西南，往有功也；不利东北，其道穷也。'往必克蜀，殆①不还乎！"艾怃然②不乐。

注 释

①殆：难道。

②怃（wǔ）然：怅然失意貌；惊愕貌；形容失望的样子。

译 文

当初，邓艾在征伐蜀国时，做梦梦见坐在山上，又有流水。把此梦告诉殄虏护军爰邵，并向他询问。爰邵说："依照《易》卦，山上有水叫《蹇》卦。《蹇》卦的卦辞说：《蹇》利于西南，不利于东北。'孙子说：《蹇》利西南，前往会有功劳；不利东北，是他的路穷尽了。'这次前往一定能攻下蜀国，但是大概回不来了呀！"邓艾茫然失意，很不高兴。

原 文

泰始元年，晋室践阼，诏曰："昔太尉王凌谋废齐王，而王竟不足以守位。征西将军邓艾，矜功失节，实应大辟①。然被书之日，罢遣人众，束手受罪，比于求生遂为恶者，诚复不同。今大赦得还，若无子孙者听使立后，令祭祀不绝。"三年，议郎段灼上疏理艾曰："艾心怀至忠而荷反逆之名，平定巴蜀而受夷灭之诛，臣窃悼之。惜哉，言艾之反也！艾性刚急，轻犯雅俗②，不能协同朋类，故莫肯理之，臣敢言艾不反之状。昔姜维有断陇右之志，艾修治备守，积谷强兵。值岁凶旱，艾为区种③，身被乌衣，手执耒耜，以率将士。上下相感，莫不尽力。艾持节守边，所统万数，而不难仆虏之劳，士民之役，非执节忠勤，孰能若此？故落门、段谷之战，以少击多，摧破强贼。先帝知其可任，委艾庙胜，授以长策。艾受命忘身，束马县车，自投死地，勇气陵云。士众乘势，使刘禅君臣面缚，叉手屈膝。艾功名以成，当书之竹帛，传祚万世。七十老公，反欲何求！艾诚恃养育之恩，心不自疑，矫命承制，权安社稷；虽违常科，有合古义，原心定罪，本在可论。钟会忌艾威名，构成其事。忠而受诛，信而见疑，头县马市，诸子并斩，见之者垂泣，闻之者叹息。陛下龙兴，阐弘大度，释诸嫌忌，受诛之家，不拘叙用。昔秦民怜白起之无罪，吴人伤子胥之冤酷，皆为立祠。今天下民人为艾悼心痛恨，亦犹是也。臣以为艾身首分离，捐弃草土，宜收尸丧，还其田宅。以平蜀之功，绍封其孙，使阖棺定谥，死无余恨，赦冤魂于黄泉，收信义于后世，葬一人而天下慕其行，埋一魂而天下归其义，所为者寡而悦者众矣。"九年，诏曰："艾有功勋，受罪不逃刑，而子孙为民隶，朕常愍之。其以嫡孙朗为郎中。"

注释

①大辟：中国古代五刑之一。俗称砍头，隋后泛指一切死刑。

②雅俗：文雅和粗俗。雅人和俗人。

③区种：按一定距离开沟挖穴，播入种子。

译文

泰始元年，晋朝皇帝即位，下诏书说："从前太尉王凌策划废掉齐王，而齐王竟然不能守住自己的王位。征西将军邓艾，夸耀军功，失去名节，确实应该受到斩首的刑罚。然而接受诏书之日，制止部下，把他们支派走，自己把手捆起来，接受惩罚，比起那些为了活命就作恶的，实在又有区别。现在大赦，他们的家属可以回来；倘若没有子孙的，允许他们自己确立后嗣，让他们的祭祀不致断绝。"三年，议郎段灼上书为邓艾辩冤说："邓艾心怀最大的忠诚却承担了反叛的名声，平定巴蜀却受到杀尽全家的惩罚，臣下暗中悼念他。说邓艾叛逆，真令人痛心啊！邓艾性格刚毅急躁，轻易地得罪了高雅的人士和俗人，不能和同僚协调合作，所以没有什么人肯理他。臣下斗胆诉说邓艾不会叛逆的实情。以前姜维有截断陇右的志向，邓艾修整防备设施严加守卫，积聚粮食使兵力强大。正赶上遭受大旱灾，邓艾亲自安排耕种，身披黑衣服，手里拿着耒耜，用这种实际行动作为将士的表率。上上下下都受到感动，没有谁不尽力而为的。邓艾持符节防守边疆，所统率的军队用万来计算，而不驱使奴仆俘虏服苦役，不加重士兵、百姓的劳役，不是秉持节义忠心尽力的人，谁能如此？所以在洛门、段谷的战役里，以少击多，大败强大的贼军。先皇帝知道他是可以任用的，把朝廷确定的胜利方略托付给了邓艾，给他统率大军的权力。邓艾接受命令，忘我作战，束住骏马不骑，悬起大车不用，亲自投身于极其艰险的死路上，勇气凌云，统率将士乘着胜利的形势前进，使得刘禅君臣把自己绑起来，而脸朝前，表示投降，叉手屈膝，以示顺从。邓艾的功名，已经告成，应当把它书写在竹简丝织品上，使他的福禄流传万代。七十岁的老人，反叛打算求取什么呢！邓艾诚心依恃君王养育的恩情，内心不怀疑自己的言行，假传命令说是承受了帝王的诏书，权且安定国家；虽然违背通常的法律条文，但有符合古义的地方。根据他的本心来定罪，本来是可以讨论的。钟会忌恨邓艾的威望名声，才造成这件事情的。忠心耿耿反而受到诛杀，诚信可靠却被怀疑。邓艾的头被悬持在马市上，各个儿子一块被杀，看见的人都落泪，听到这件事的人为他们叹息。陛下登基，阐明您的弘明大度，开释了各个受到猜嫌疑忌的人，受过诛罚的人家也不受限制，得到任用。从前秦国民众可怜白起无罪被杀，吴国人伤感伍子胥受的冤枉深重，都给他们建立了祠堂。现在天下民众悼念邓艾，痛恨不平的心情也还是这样。臣下认为邓艾的身子和头颅分离，丢弃在荒野里，应该收殓他的尸体举行丧礼，归还他原有的田地房屋。用平定蜀国的功劳，继续赐封他的孙子，使他能在盖上棺盖后确定谥号，死了也没有遗恨了。赦免了邓艾的黄泉的冤魂，可在后世取得信义的名声。安葬一人而使天下仰慕您的德行，埋葬一个灵魂而天下归向您的仁义，所做的事少而高兴的人多啊！"九年，下诏书说："邓艾有功勋，受处罚时不逃避刑法，而孙子却充当平民奴隶，朕常常哀怜他们，现在任命嫡孙邓朗充当郎中。"

原文

艾在西时，修治障塞①，筑起城坞②。泰始中，羌虏大叛，频杀刺史，凉州道断。吏民安全者，皆保艾所筑坞焉。

注释

①障塞：即障堡。
②城坞：城堡。

译文

邓艾在西部时，整修治理边防界墙和关塞，修筑城堡。泰始年间，羌人举行大叛乱，多次杀死刺史，通向凉州的道路被切断。而官吏平民能够得到安全的，都是依靠邓艾所修筑的城堡的保护。

华佗传

华佗字元化，沛国谯人也，一名
敷。游学徐土，兼通数经。沛相陈珪举
孝廉，太尉黄琬辟，皆不就。晓养性之
术，时人以为年且百岁而貌有壮容。又精
方药，其疗疾，合汤①不过数种，心解②
分剂③，不复称量，煮熟便饮，语其节
度，舍去④辄愈。若当炙，一两处，每处
七八壮⑤，病亦应除。若当针，亦不过
一两处，下针言"当引某许，若至，语
人"。病者言"已到"，应便拔针，病亦行

▲ 华 佗

差⑥。若病结积在内，针药所不能及，当须刳⑦割者，饮其麻沸散，须
臾便如醉死无所知，因破取。病若在肠中，便断肠湔⑧洗，缝腹膏摩⑨，
四五日差，不痛，人亦不自寤，一月之间，即平复矣。

注 释

①合汤：调制汤药。

②心解：心中领会。

③分剂：分量。

④舍去：离开住所到别处。

⑤壮：灸法术语。指艾炷灸中的计数单位。每灸一个艾炷，称为一壮。

⑥行差：马上就好。

⑦刳（kū）割：剖杀；切割。

⑧湔（jiān）洗：洗涤污减。

⑨膏摩：中医治疗手段之一。即用膏药摩擦局部。

译文

华佗，字元化，沛国谯县人，又名叫敷。他曾在徐州一带到处求学，通晓几种经典。沛国相陈珪推举他为孝廉，太尉黄琬聘请他做官，他全都不去。华佗通晓养生的方法，当时人们认为他快有一百岁了，但他还保留着壮年人的面容。华佗精于开药方，他治疗病的处方，配制汤剂只用几种药物。他心中掌握药物的分量，配药时不用称量，煮好药就让病人饮用，同时告诉他们用药的次数，用完药后就会痊愈。如果要给病人针灸，也不过选一两个穴位，每处不过灸七、八个艾柱，病就消除了。如果扎针，也不过一两处。下针时对病人说："入针的感觉应该传到某处，如果感到了，就告诉我。"病人说："针感已经到了。"随即拔针，病痛也跟着消失。如果疾病聚结在身体内部，针灸、药物都不能达到，必须开刀割去的，就给病人喝麻沸散。不一会儿，病人就和醉死一样，什么也不知道了，华佗就开刀割取病患。病患如果在肠子中，就切开肠子清洗，然后缝合腹部，用药膏涂抹伤口，四、五天就好了，不会疼痛，病人自己也不会感觉到。一个月以内，伤口就全部长好了。

原文

故甘陵相夫人有娠六月，腹痛不安，佗视脉，曰："胎已死矣。"使人手摸知所在，在左则男，在右则女。人云"在左"，于是为汤下之，果下男形，即愈。

县吏尹世苦四支①烦，口中干，不欲闻人声，小便不利。佗曰："试作热食，得汗则愈；不汗，后三日死。"即作热食而不汗出，佗曰："藏气已绝于内，当啼泣而绝。"果如佗言。

府吏兒寻、李延共止，俱头痛身热，所苦正同。佗曰："寻当下之，延当发汗。"或难其异，佗曰："寻外实②，延内实③，故治之宜殊。"即各与药，明旦并起。

注释

①四支：即四肢。

②外实：外热。

③内实：内热。

译文

前任甘陵相的夫人怀孕六个月，腹中疼痛不安。华佗给她号脉，说："胎儿已经死了。"让人用手探查胎儿的位置，胎儿在左边是男孩，在右边就是女孩。人家回答说："在左边。"华佗就配了汤药给她打胎，果然打下来一个男形的胎儿，病也就好了。

县吏尹世苦于四肢发热，口中干燥，不想听到人说话的声音，小便不通畅。华佗说："试着做些热饭给他吃，出了汗就能痊愈；不出汗的话，三天以后就要死。"立即做了热饭给他吃，但他不出汗。华佗说："内脏的气息已经断绝了，他会哭着断气的。"果然和华佗说的一样。

府吏兒寻、李延一起患病来求治，都是头痛，身体发热，受到的痛苦一样。华佗说："兒寻应该下泻，李延应当发汗。"有的人提出疑问，为什么他们的治法不同？华佗说："兒寻身体外实，而李延身体内实，所以治疗的方法不一样。"就分别给了药物，第二天早上两个人都能起床了。

原文

盐渎严昕与数人共候佗，适至，佗谓昕曰："君身中佳否？"昕曰："自如常。"佗曰："君有急病见于面，莫多饮酒。"坐毕归，行数里，昕卒头眩坠车，人扶将还，载归家，中宿^①死。

故督邮顿子献得病已差^②，诣佗视脉，曰："尚虚，未得复，勿为劳事，御内^③即死。临死，当吐舌数寸。"其妻闻其病除，从百余里来省之，止宿交接，中间三日发病，一如佗言。

①中宿：半夜。

②已差：已差不多治好。

③御内：夫妻行房事。内，内人，即妻子。④交接：夫妻行房事。

译 文

盐渎人严昕和几个人一起来探望华佗，刚一进门，华佗就对严昕说："您身体感觉好吗？"严昕说："和平常一样。"华佗说："从脸上看，您有急病，不要多喝酒。"严昕等人坐了一会儿回去，走了几里地，严昕头晕，从车上掉了下来。别人把他扶起来，用车拉回家里，第二天半夜就死了。

前任督邮顿子献得了病，已经治好了，又去请华佗诊脉。华佗说："你身体还很虚弱，没有完全恢复，不要做过于劳累的事，如性交就会立刻死去。临死时，会把舌头吐出几寸长。"顿献的妻子听说他病好了，从一百多里地以外赶来看他，住在他那里，夜晚性交。隔了三天，顿子献就发病了，结果和华佗说的一样。

原 文

督邮徐毅得病，佗往省之。毅谓佗曰："昨使医曹吏刘租针胃管讫，便苦咳嗽，欲卧不安。"佗曰："刺不得胃管，误中肝也。食当日减，五日不救。"遂如佗言。

东阳陈叔山小男二岁得疾，下利^①常先啼，日以羸困^②。问佗，佗曰："其母怀躯，阳气内养，乳中虚冷，儿得母寒，故令不时愈。"佗与四物女宛丸，十日即除。

注释

①下利：腹泻，拉肚子。

②羸困：消瘦无力。

译文

督邮徐毅得了病，华佗去看他。徐毅对华佗说："昨天让医曹吏刘租给胃管扎针，扎完针，就苦于咳嗽不止，想躺下，不得安宁。"华佗说："扎针没有扎到胃管上，错扎到肝上了。以后饮食会一天天减少，五天以后死去，无法救活了。"果然和华佗的预言相同。

后来东阳人陈叔山的小儿子两岁时得了病，泻肚之前经常哭啼不止，一天天瘦弱下去。他来问华佗，华佗说："这个孩子的母亲怀孕时，阳气聚在内脏养护，乳汁变得虚冷，孩子受了母亲的寒气，所以不能很快痊愈。"华佗给了他四物女宛丸这种药，十天以后病就好了。

原文

彭城夫人夜之厕，虿①螫其手，呻呼无赖。佗令温汤近热，渍手其中，卒可得寐。但旁人数为易汤，汤令暖之，其旦即愈。

军吏梅平得病，除名②还家，家居广陵，未至二百里，止亲人舍。有顷，佗偶至主人许，主人令佗视平，佗谓平曰："君早见我，可不至此。今疾已结，促去可得与家相见，五日卒。"应时归，如佗所刻。

注释

①虿（chài）：蝎类的毒虫的古称。

②除名：指中国封建时代对官吏犯罪的一种处罚方法，即开除官籍。

译文

彭城夫人晚上去厕所，被毒蝎螫了手，痛得呻吟呼喊，没有办法。华佗让人把汤药烧热，让夫人把手泡在汤药中，夫人终于可以睡着了。

但是要由别人多次换汤药，让汤药保持温暖，天亮时手就好了。

军吏梅平得了病，被军队除名回家。他的家住在广陵，走了不到二百里，在亲戚的家里住宿。不一会儿，华佗也偶然地来到这个人家中，主人让华佗来看梅平的病。华佗对梅平说："您早点来见我，就不至于到这个地步了。现在您的疾病已经无法治疗了，赶快回去还可以见到家人，五天后就要死了。"梅平马上赶回家，死的日子与华佗的说法一样。

原 文

佗行道，见一人病咽塞①，嗜食而不得下，家人车载欲往就医。佗闻其呻吟，驻车往视，语之曰："向来道边有卖饼家蒜齑②大酢③，从取三升饮之，病自当去。"即如佗言，立吐蛇一枚，县车边，欲造佗。佗尚未还，小儿戏门前，逆见，自相谓曰："似逢我公，车边病是也。"疾者前入坐，见佗北壁县此蛇辈约以十数。

又有一郡守病，佗以为其人盛怒则差，乃多受其货而不加治，无何弃去，留书骂之。郡守果大怒，令人追捉杀佗。郡守子知之，属使勿逐。守瞋恚④既甚，吐黑血数升而愈。

注 释

①咽塞：喉咙梗塞，呼吸不畅。

②蒜齑（jī）：蒜末。齑：捣碎的姜、蒜、韭菜等，也指混杂，调和。

③酢：同"醋"。

④瞋恚（chēn huì）：忿怒怨恨。

译 文

华佗在路上走时，见到一个人得病，咽喉堵塞，想吃东西又咽不下去，他的家人用车拉着他准备去求医。华佗听到他的呻吟声，停下车去看他，对他说："刚才经过的道路边上有卖饼的，那里有蒜泥和醋，你们从那里取三升来给他喝了，病自然就好了。"他们就照华佗的话做了，病人马上吐出了一条蛇。他们把蛇挂在车边，想到华佗家去拜谢。华佗还没有回来，小孩子们在门前玩耍，迎面见到了，就互相说道："这些人好像遇到我家公公了，车边挂的蛇就是公公给除灭的。"这个病人到华佗家里坐下，看到华佗屋里北墙上挂的这类蛇虫大约有几十条。

又有一个郡守得了病，华佗认为让这个人大怒就能痊愈，就收下了他的很多财物，却不给他治病，不久就扔下病人走了，还留下一封信骂他。郡守果然大怒，命令人去追赶华佗，把他捉来杀死。郡守的儿子知道内情，嘱咐下属不要去追。太守愤怒极了，然后吐出几升黑血，病就好了。

又有一士大夫不快，佗云："君病甚，当破腹取。然君寿亦不过十年，病不能杀君，忍病十岁，寿俱当尽，不足故自刳裂。"士大夫不耐痛痒，必欲除之。佗遂下手，所患寻差[1]，十年竟死。

广陵太守陈登得病，胸中烦懑，面赤不食。佗脉之曰："府君胃中有虫数升，欲成内疽，食腥物所为也。"即作汤二升，先服一升，斯须尽服之。食顷，吐出三升许虫，赤头皆动，半身是生鱼脍也，所苦便愈。佗曰："此病后三期当发，遇良医乃可济救。"依期果发动[2]，时佗不在，如言而死。

①寻差：延长限度。寻，长；沿着，顺着。差，限度；界限。
②发动：发作。

又有一个士大夫身体不适，华佗说："您的病患在内脏深处，必须剖腹切除。但是您的寿命也超不过十年了，病不会要您的命，您忍受十年的病痛，寿命也和疾病一同完结了，不值得特地去剖腹切除。"士大夫忍受不了这种痛痒，一定要切除它。华佗为他就做了手术，士大夫的病很快好了，但他终究在十年后死了。

广陵太守陈登得了病，胸中憋闷，脸色红涨，吃不下东西。华佗给他诊脉后说："您的胃里有几升虫子，快要在里面形成痈疽了，这是吃生腥的食物造成的。"华佗就配了二升汤药，让他先喝一升，过一会儿再把汤药全部服下。过了有一顿饭的功夫，陈登吐出大约三升的虫子。虫子有红色的头，全在蠕动，一半身子象是生鱼片。陈登的病痛就痊愈了。华佗说："这个病三年以后还会发作，遇到良医才可以救治。"到了三年后陈登果然又犯病了，当时华佗不在，陈登就像华佗所说的那样死去了。

原文

太祖闻而召佗，佗常在左右。太祖苦头风①，每发，心乱目眩，佗针鬲，随手而差。

李将军妻病甚，呼佗视脉，曰："伤娠而胎不去。"将军言："闻实伤娠，胎已去矣。"佗曰："案脉②，胎未去也。"将军以为不然。佗舍去，妇稍小差。百余日复动，更呼佗。佗曰："此脉故事③有胎。前当生两儿，一儿先出，血出甚多，后儿不及生。母不自觉，旁人亦不寤，不复迎，遂不得生。胎死，血脉不复归，必燥著母脊，故使多脊痛。今当与汤，并针一处，此死胎必出。"汤针既加，妇痛急如欲生者。佗曰："此死胎久枯，不能自出，宜使人探之。"果得一死男，手足完具，色黑，长可尺所。

注释

① 头风：头痛。

② 案脉：切脉，诊脉；依据脉息。

③ 故事：先例。

译 文

魏太祖曹操听说以后，把华佗召去，让他经常在自己身边。太祖苦于头风病，每次发病都感到眼花心乱。华佗用针扎他的膈间，手到病除。

李将军的妻子病得很厉害，叫华佗来诊脉。华佗说："伤了胎，但胎儿没有流产。"李将军说："听说确实是伤了胎，但是胎儿已经打下去了。"华佗说："根据脉象，胎儿还没有打下去。"李将军认为华佗说的不对，华佗就离去了，妇人也稍微有些好转。一百多天后，病情又加重，再次来找华佗。华佗说："这个脉象的惯例是有胎儿。前一次应当生两个孩子，一个孩子先生出来，血出得很多，后一个孩子来不及生出来。母亲自己没有感觉，别人也不明白，不再帮助接生，所以没有生下来。胎儿死了，血脉不再通畅，胎儿一定会干枯，贴在母亲的脊背内部，所以造成母亲脊背经常疼痛。现在应该给她汤药，同时用针扎一个地方，这个死胎一定会下来。"用完汤药和针刺后，妇人剧烈疼痛，像要临产时一样。华佗说："这个死胎时间长了，已经枯干，没办法自己生下它，应该让人去掏出来。"果然取出一个死了的男胎，手足都齐全了，颜色变黑，大约有一尺来长。

原 文

佗之绝技，凡此类也。然本作士人，以医见业，意常自悔。后太祖亲理，得病笃重，使佗专视。佗曰："此近难济，恒事攻治，可延岁月。"佗久远家思归，因曰："当得①家书，方欲暂还耳。"到家，辞以妻病，数乞期②不反。太祖累书呼，又敕郡县发遣。佗恃能厌食事③，犹不上道。太祖大怒使人往检，若妻信④病，赐小豆四十斛，宽假限日；若其虚诈，便收送之。于是传付许狱，考验⑤首服⑥。荀彧请曰："佗术实工，人命所县，宜含宥之。"太祖曰："不忧，天下当无此鼠辈耶？"遂考竟佗。佗临死，出一卷书与狱吏，曰："此可以活人。"吏畏法不受，佗亦不强⑦，索火烧之。佗死后，太祖头风未除。太祖曰："佗能愈此。小人养吾病，欲以自重，然吾不杀此子，亦终当不为我断此根原耳。"及后爱子仓舒病困，太祖叹曰："吾悔杀华佗，令此儿强死也。"

注 释

①当得：刚才得到。

②乞期：请求续假。

③食事：指为人役使。

④信：果真。

⑤考验：拷问，审讯拷打。

⑥首服：自首；认罪。

⑦强（qiáng）死：亦作"彊死"。非因病、老而死；人尚壮健而死于非命。

译 文

华佗的高超医术，全都与此相类似。但是华佗本来是读书人，却被人看作是依靠医术成名的，心中常感到后悔。以后太祖亲自管理国事时，得了很严重的病，让华佗专门给他治病。华佗说："这种病很难在短期内治好，长期坚持医治，才能延长您的生命。"华佗离家时间太长了，想回家去，就对太祖说："接到家信了，想要暂时回家去一趟。"华佗回家后，借口妻子有病，多次请求延长假期，不肯返回。太祖连续去信叫他回来，又命令郡县官员把他遣送回来。华佗依恃自己的本领，厌恶吃官府的粮饷，还是不肯上路回去。太祖大怒，派人去查验，如果华佗的妻子真病了，赐给他小豆四十斛，再宽限他一些假期；如果他说谎骗人，就把他抓起来送回。于是华佗就被押送到许都的监狱，经审问拷打，华佗认了罪。荀彧请求说："华佗的医术确实精深，关系到人的生命，应该给予宽恕。"太祖说："不用担心，天底下还会没有这样的鼠辈吗？"便把华佗处死。华佗临死时，拿出一卷书来给狱吏，说："这卷书可以救活人命。"狱吏害怕犯法，不敢接受。华佗也不勉强他，要了火，把这卷书烧了。华佗死后，太祖的头风病还没有除掉。太祖说："华佗能把这种病治好，但这个小人却让我的病延续下去，想用它抬高自己的身价。如果我不杀死这个小子，他也始终不肯给我除去这个病根的。"等到后来太祖的爱子仓舒病危时，太祖叹息道："我后悔把华佗杀掉，眼睁睁地看着孩子死去了。"

原 文

初，军吏李成苦咳嗽，昼夜不寐，时吐脓血，以问佗。佗言："君病肠臃①，咳之所吐，非从肺来也。与君散②两钱，当吐二升余脓血讫，快自养，一月可小起，好自将爱，一年便健。十八岁当一小发，服此散，亦行复差。若不得此药，故当死。"复与两钱散，成得药去。五六岁，亲中人有病如成者，谓成曰："卿今强健，我欲死，何忍无急去药，以待不祥？先持贷我，我差为卿从华佗更索。"成与之。已故到谯，适值佗见收，匆匆不忍从求。后十八岁，成病竟发，无药可服，以至于死。

注 释

①臃：肿的意思。
②散：散剂。

译 文

当初，军吏李成苦于咳嗽，白天黑夜都无法睡觉，常常吐出脓血。他把这些病情告诉华佗，华佗说："您的病是肠痈，咳嗽时吐出来的脓，不是从肺里出来的。我给您两钱药散，吃了后要吐出两升多脓血，吐完后自己保养，心情愉快，一个月就可以见到一些起色；好好地爱护调养身体，一年以后就可以恢复健康。十八年后会有一次小发作，服这个药散，就还会治好；如果没有这个药，就要死了。"又给了他两钱药散。李成得到药以后，过了五、六年，他的亲戚里面有人也得了同样的病，就对李成说："您现在身体强壮，我却要死了。您怎么忍心藏着不急用的药，等待有病时再用呢？先把药借给我用，我病好了后，替您去找华佗再要这种药。"李成给了他。李成以后有机会到谯县，正巧碰上华佗被抓走，匆忙之中，不忍心去向他求药。后来十八年到了，李成的病终于发作，没有药服用，以致死去。

原 文

广陵吴普、彭城樊阿皆从佗学。普依准佗治，多所全济①。佗语普曰："人体欲得劳动，但不当使极尔。动摇则谷气得消，血脉流通，病不得生，譬犹户枢不朽是也。是以古之仙者为导引之事，熊颈鸱顾，引挽腰体，动诸关节，以求难老。吾有一术，名五禽之戏，一曰虎，二曰鹿，三曰熊，四曰猿，五曰鸟，亦以除疾，并利蹄足，以当导引。体中不快，起作一禽之戏，沾濡②汗出，因上著粉，身体轻便，腹中欲食。"普施行之，年九十余，耳目聪明，齿牙完坚。阿善针术。凡医咸言背及胸藏之间不可妄针，针之不过四分，而阿针背入一二寸，巨阙胸藏针下五六寸，而病辄皆瘳。阿从佗求可服食益于人者，佗授以漆叶青黏散。漆叶屑一升，青黏屑十四两，以是为率，言久服去三虫，利五藏，轻体，使人头不白。阿从其言，寿百余岁。漆叶处所而有，青黏生于丰、沛、彭城及朝歌云。

注 释

①全济：保全，救活。
②沾濡：多指恩泽普及。此指身体出汗。

译 文

广陵人吴普、彭城人樊阿全跟随华佗学医。吴普依照华佗的治疗方法治病，很多病人都被治好了。华佗对吴普说："人的身体需要劳动，只是不要让身体过分疲劳罢了。活动就可以使食物得到消化吸收，血脉流通，不会产生疾病，这就是同门的转轴不会腐朽一样的道理。由此古代成仙的人都做导引术，模仿熊晃动脖子，模仿鸱鹰四下张望，伸展拉长腰肢和身体，活动各个关节，用来求得长生不老。我有一个方法，叫作'五禽戏'，一是模仿虎，二是模仿鹿，三是模仿熊，四是模仿猿猴，五是模仿鸟，既可以用来除去疾病，同时还有利于手脚健康，用它来代替导引术。身体不舒服了，就起身做一种动物的活动，做得身上出汗，沾湿了衣服后，再在身上擦一些药粉，就会感到身体轻便，食欲大振。"吴普按照"五禽戏"锻炼，活到九十多岁了，仍然耳聪目明，牙齿完整结实。樊阿善于扎针。所有的医生都说人的背部和胸腹部位不能轻易针刺，如果扎针，深不能超过四分；而樊阿扎背上的穴位入针深一、二寸，扎巨阙、胸藏等穴位下针达五、六寸，而病就全能治好。樊阿向华佗求教吃下去有益于人的药方，华佗传授给他漆叶青粘散。用漆叶碎屑一升，青粘屑十四两，按照这个比例配药，据说长期服用可以去除人体内的三种寄生虫，对五脏有益，使身体轻便，头发不会变白。樊阿按照他的话去做，活到一百多岁。漆叶到处都有，青粘生长在丰县、沛县、彭城和朝歌等地。

关羽传

原 文

关羽字云长，本字长生，河东解人也。亡命奔涿郡。先主①于乡里合徒众，而羽与张飞为之御侮②。先主为平原相，以羽、飞为别部司马，分统部曲。先主与二人寝则同床，恩若兄弟。而稠人广坐，侍立终日，随先主周旋，不避艰险。先主之袭杀徐州刺史车胄，使羽守下邳城，行太守事，而身还小沛。

注 释

①先主：指刘备。

②御侮：一谓抵御外侮，一指武臣。

译 文

关羽，字云长，原来字长生，河东解县人。后逃亡到涿郡。刘备在家乡会聚党徒兵众，关羽和张飞为他担任护卫。刘备做了平原相后，任命关羽、张飞充当别部司马，分别统领士兵。刘备和他们俩睡觉同在一个床上，情谊如同兄弟一样。而在大庭广众之中，他们俩人整天侍立在刘备身后，跟随刘备驰骋于战场，不躲避艰难险阻。刘备袭击徐州，杀死了徐州刺史车胄，让关羽驻守下邳城，代行太守的职责，而自己则回到小沛。

▲ 关 羽

原文

　　建安五年，曹公东征，先主奔袁绍。曹公禽羽以归，拜为偏将军，礼之甚厚。绍遣大将（军）颜良攻东郡太守刘延于白马，曹公使张辽及羽为先锋击之。羽望见良麾盖①，策马刺良于万众之中，斩其首还。绍诸将莫能当者，遂解白马围。曹公即表封羽为汉寿亭侯。初，曹公壮羽为人，而察其心神无久留之意，谓张辽曰："卿试以情问之。"即而辽以问羽，羽叹曰："吾极知曹公待我厚，然吾受刘将军厚恩，誓以共死，不可背之。吾终不留，吾要当立效②以报曹公乃去。"辽以羽言报曹公，曹公义之。及羽杀颜良，曹公知其必去，重加赏赐。羽尽封其所赐，拜书告辞，而奔先主于袁军。左右欲追之，曹公曰："彼各为其主，勿追也。"

注释

　　①麾盖：将帅用的旌旗与车盖。泛称仪仗、军队。
　　②立效：立功。

译文

　　建安五年，曹操东征，刘备投奔袁绍。曹操捉拿关羽而回，授官关羽充当偏将军，对他的礼遇非常优厚。袁绍派遣大将颜良在白马进攻东郡太守刘延，曹操让张飞和关羽充当先锋攻打颜良。关羽从远处看见颜良的指挥旗帜之顶，便鞭打坐骑，在万军之中刺杀了颜良，并斩其首级而回。袁绍的众将没有人能够抵挡他，于是解除了对白马的包围。曹操马上上奏章给朝廷，请封关羽充当汉寿亭侯。当初，曹操器重关羽为人勇猛而有气概，但察觉他的心神不安，没有长久留下的意思，就对张辽说："凭着您和关羽的交情，试着去问问他。"不久，张辽去问关羽，关羽感叹说："我深知曹操待我厚道，然而我受刘将军恩惠更深，曾发誓同生死，我不能背叛他。我最终是不能留在这里的，我要等立了功，报答曹操以后才离去。"张辽把关羽的话向曹操作了汇报，曹操认为他很讲义气。等到关羽杀了颜良，曹操知道他一定要离开，就对他赏赐很重。关羽把曹操的赏赐全部封存起来，恭敬地写了封告别信，就跑到袁绍军中去投奔刘备。曹操身边的人打算追回关羽，曹操说："人家是各自为自己的主人，不要追了。"

原 文

从先主就刘表。表卒，曹公定荆州，先主自樊将南渡江，别遣羽乘船数百艘会江陵。曹公追至当阳长阪，先主斜趣①汉津，适与羽船相值，共至夏口。孙权遣兵佐先主拒曹公，曹公引军退归。先主收江南诸郡，乃封拜元勋，以羽为襄阳太守、荡寇将军，驻江北。先主西定益州，拜羽董督荆州事。羽闻马超来降，旧非故人，羽书与诸葛亮，问超人才可谁比类。亮知羽护前，乃答之曰："孟起兼资文武，雄烈过人，一世之杰，黥、彭之徒，当与益德并驱争先，犹未及髯之绝伦逸群②也。"羽美须髯，故亮谓之髯。羽省书大悦，以示宾客。

注 释

①斜趣：斜插。

②绝伦逸群：超出众人，没有可以相比的。

译 文

关羽跟随刘备去荆州投靠刘表。刘表去世后，曹操平定了荆州。刘备从樊城将要南渡长江，另外派遣关羽率领战船几百艘在江陵会合。曹操追到当阳县的长阪坡，刘备抄近路奔赴汉津，恰巧和关羽的船队相遇，共同来到夏口。孙权派兵帮助刘备抵御曹操，曹操领兵退回。刘备收复了长江以南各郡，就给立了大功的臣下授官封爵，任命关羽充当襄阳太守、荡寇将军，驻守长江以北。刘备向西平定益州，授权关羽管理监督荆州事务。关羽听说马超前来投降，而他从前并不是旧友，关羽写信给诸葛亮，询问马超为人、才干可以同谁相类比。诸葛亮知道关羽不愿屈居他人之下，就回信说："马超文武双全，勇猛刚强超过一般人，是一代的俊杰，是英布、彭越一类的人物，能够和张益德并驾齐驱，争个先后，但是还赶不上美髯公您的超群绝伦啊！"关羽的胡须很好看，因此诸葛亮称他为美髯公。关羽看了信后十分喜悦，把它交给宾客们传阅。

原文

羽尝为流矢所中，贯其左臂，后创①虽愈，每至阴雨，骨常疼痛。医曰："矢镞有毒，毒入于骨，当破臂作创，刮骨去毒，然后此患乃除耳。"羽便伸臂令医劈之。时羽适请诸将饮食相对，臂血流离，盈于盘器，而羽割灸引酒，言笑自若。

注 释

①创：伤口。

译 文

关羽曾经被流箭所射中，穿透了他的左臂，后来创口虽然好了，但每到阴雨天气，骨头就时常疼痛，医生说："箭头有毒，毒素进入了骨头里，应当割掉左臂上的伤口，刮去骨头上的毒素，然后这个病痛才会消除。"关羽便伸出臂膀，让医生把伤口割开。当时关羽正宴请众将相对吃喝，手臂上鲜血淋漓，装满了接血的盘子，然而关羽割肉取酒，说说笑笑好像平时一样。

原 文

二十四年，先主为汉中王，拜羽为前将军，假节钺。是岁，羽率众攻曹仁于樊。曹公遣于禁助仁。秋，大霖雨①，汉水泛溢，禁所督七军皆没。禁降羽，羽又斩将军庞德。梁郏、陆浑群盗或遥受羽印号②，为之支党，羽威震华夏。曹公议徙许都以避其锐，司马宣王、蒋济以为关羽得志，孙权必不愿也。可遣人劝权蹑其后，许割江南以封权，则樊围自解。曹公从之。先是，权遣使为子索羽女，羽骂辱其使，不许婚，权大怒。又南郡太守麋芳在江陵，将军傅士仁屯公安，素皆嫌羽轻己。自羽之出军，芳、仁供给军资，不悉相救。羽言"还当治之"，芳、仁咸怀惧不安。于是权阴③诱芳、仁，芳、仁使人迎权。而曹公遣徐晃救曹仁，羽不能克引军退还。权已据江陵，尽虏羽士众妻子，羽军遂散。权遣将逆击羽，斩羽及子平于临沮。追谥羽曰壮缪侯。子兴嗣。兴字安国，少有令问，丞相诸葛亮深器异之。弱冠为侍中、中监军，数岁卒。子统嗣，尚公主，官至虎贲中郎将。卒，无子，以兴庶子彝续封。

①霖雨：连绵大雨。

②印号：官印和官号。

③阴：暗中。器异：犹器重；看重。

译文

建安二十四年，刘备成为汉中王，授官关羽充当前将军，持符节斧钺。此年，关羽率领部众在樊城进攻曹仁。曹操派遣于禁援助曹仁。秋天，大雨绵绵未断，汉水泛滥，于禁所监督指挥的七军全被掩没。于禁投降了关羽，关羽又斩杀了将军庞德。梁县、郏县、陆浑县反抗曹操的势力有的在远方接受了关羽的印信和号令，作为他的分支部队，关羽的威望名声震动了中原。曹操提议迁离许都来躲避关羽的锋芒。司马懿、蒋济认为，关羽的志愿或欲望得以实现，孙权一定不愿意，可以派遣人劝说孙权偷袭关羽的后方，并许诺事成之后把长江以南地区分封孙权，那么对樊城的围困自然就解除了。曹操听从了他们的建议。在这之前，孙权派遣使者为自己的儿子向关羽的女儿求婚，关羽辱骂了他的使者，不答应这门婚事，孙权十分恼怒。另外，南郡太守麋芳驻守江陵，将军士仁驻守公安，平素全怨恨关羽轻视自己。从关羽出兵以来，麋芳、士仁供给他军需物资，但却不尽力援助他。关羽说："回去以后一定要惩治他们。"麋芳、士仁内心恐惧不安。于是孙权秘密地引诱麋芳和士仁，麋芳和士仁就派人去迎接孙权。而曹操派遣徐晃援救曹仁，关公不能战胜，便带兵退回。孙权已经战据了江陵，全部俘房了关羽及其将士们的妻子、儿女，关羽的军队于是溃散了。孙权派遣将领迎击关羽，在临沮杀了关羽和他的儿子关平。后主追封关羽的谥号叫壮缪侯。儿子关兴继承了爵位。关兴，字安国，年轻时就有很好的名声，丞相诸葛亮很器重他，认为他与众不同。二十岁左右充当侍中、中监军，几年以后去世。儿子关统继承爵位，娶公主为妻，官做到虎贲中郎将。关统死后没有儿子，由关兴庶子关彝续封。

马超传

原 文

马超字孟起，扶风茂陵人也。父腾，灵帝末与边章、韩遂等俱起事于西州。初平三年，遂、腾率众诣长安。汉朝以遂为镇西将军，遣还金城；腾为征西将军，遣屯郿。后腾袭长安，败走，退还凉州。司隶校尉钟繇镇关中，移书遂、腾，为陈祸福。腾遣超随繇讨郭援、高干于平阳，超将庞德亲斩援首。后腾与韩遂不和，求还京畿，于是征为卫尉；以超为偏将军，封都亭侯，领腾部曲。

注 释

①京畿（jī）：指国都及其附近的地区。

译 文

马超，字孟起，扶风茂陵人。他的父亲马腾，在灵帝末年与边章、韩遂等人一起在西州起事。初平三年，韩遂、马腾率领部众前往长安勤王。汉朝任命韩遂充当镇西将军，派遣他回到金城；任命马腾充当征西将军，

▲ 马超像

派遣他驻守在郿县。后来马腾袭击长安，失败后逃走，退回凉州。司隶校尉钟繇镇守关中，写信给韩遂、马腾，向他们陈述利害祸福。马腾派遣马超跟随钟繇到平阳征伐郭援、高干，马超的部将庞德亲手砍下了郭援的头颅。后来马腾和韩遂有隙，要求回到京城一带。于是朝廷就征召马腾充当卫尉，任命马超充当偏将军，封爵都亭侯，代领马腾的部众。

原文

超既统众，遂与韩遂合从，及杨秋、李堪、成宜等相结，进军至潼关。曹公与遂、超单马会语。超负其多力，阴欲突前捉曹公，曹公左右将许褚瞋目眄之，超乃不敢动。曹公用贾诩谋，离间超、遂，更相猜疑，军以大败。超走保诸戎，曹公追至安定，会北方有事，引军东还。杨阜说曹公曰："超有信、布之勇，甚得羌、胡心。若大军还，不严为其备，陇上诸郡非国家之有也。"超果率诸戎以击陇上郡县，陇上郡县皆应之，杀凉州刺史韦康，据冀城，有其众。超自称征西将军，领并州牧，督凉州军事。康故吏民杨阜、姜叙、梁宽、赵衢等，合谋击超。阜、叙起于卤城，超出攻之，不能下；宽、衢闭冀城门，超不得入，进退狼狈，乃奔汉中依张鲁。鲁不足与计事，内怀于邑，闻先主围刘璋于成都，密书请降。

注释

①眄（zhěn）：克制，抑制。此有威慑之意。

②进退狼狈：进退两难；陷于困境。

译文

马超代领马腾的部众后，就和韩遂联合，并与杨秋、李堪、成宜等互相串通，进军来到潼关。曹操和韩遂、马超单人匹马会面谈话，马超仗着他的力气大，暗中打算冲到曹操跟前把曹操活捉，曹操身边大将许褚瞪眼怒视他，马超才不敢轻举妄动。曹公采纳谋士贾诩的计策，离间马超和韩遂的关系，二人彼此猜疑，他们的军队因此大败。马超逃跑到北方戎人里据守，曹公追击到安定，恰巧碰上北方有战事，他只好统领部队东回。杨阜劝谏曹公说："马超有韩信、英布的勇猛，又很得羌人、胡人的心。如果大军回去，而不对他严加防备，那么陇上各郡就将不为国家所有了。"曹军离开后，马超果然率领各戎人部落去进攻陇上郡县，陇上郡县都响应他，杀死了凉州刺史韦康，占领了冀城，占有了该城的官兵和百姓。马超自称征西将军，兼任并州州牧，管理、指挥凉州军事。韦康原来的官吏和平民杨阜、姜叙、梁宽、赵衢等人，共同谋划攻打马超。杨阜、姜叙在卤城起兵，马超从冀城出发攻打卤城，不能攻下；梁宽、赵衢关闭了冀城门，马超不得退入，进退两难，狼狈不堪，就跑到汉中，依附了张鲁。张鲁不能够和他共谋大事，马超的内心抑郁，听说先主刘备在成都把刘璋包围起来，就秘密写信请求归降先主。

原　文

先主遣人迎超，超将兵径到城下。城中震怖，璋即稽首，以超为平西将军，督临沮，因为前都亭侯。先主为汉中王，拜超为左将军，假节。章武元年，迁骠骑将军，领凉州牧，进封斄乡侯，策曰："朕以不德，获继至尊，奉承宗庙。曹操父子，世载其罪，朕用惨怛①，疢②如疾首。海内怨愤，归正反本，暨于氐、羌率服，獯鬻慕义。以君信著北土，威武并昭，是以委任授君，抗飓虓虎，兼董万里，求民之瘼。其明宣朝化，怀保远迩，肃慎赏罚，以笃汉祐，以对于天下。"二年卒，时年四十七。临没上疏曰："臣门宗二百余口，为孟德所诛略尽，惟有从弟岱，当为微宗血食之继，深托陛下。余无复言。"追谥超曰威侯，子承嗣。岱位至平北将军，进爵陈仓侯。超女配安平王理。

注　释

①惨怛（dá）：悲痛；忧伤。

②疢（chèn）：内心烦热的头昏脑胀；形容忧伤成疾。

③獯鬻（xūn yù）：泛指北方少数民族。

④抗飔：振扬。虓虎：咆哮的老虎。用于形容将领的作战勇猛。

⑤鉴董：考察。

⑥瘼（mò）：病，疾苦

先主派遣人迎接马超，马超率兵径直来到成都城下。城中官兵都震惊惶恐，刘璋随即跪拜投降。先主任命马超充当平西将军，督率临沮，沿袭了以前朝廷封给他的都亭侯。先主做汉中王，授官马超充当左将军、持节。章武元年，升骠骑将军，兼任凉州牧，进封牦乡侯，册文说："朕凭着无德之身，得以继承皇位，奉上天之命，接续汉朝皇室。曹操父子，他们的罪恶充满人世间，朕因此十分忧伤，痛心疾首。海内的人怨恨愤怒，思归汉朝正统，乃至于氐、羌之族顺服，獯鬻人倾慕正义。由于您的信义著称于北方，威望和勇武都很昭著，因此我把重任交给您。让您克制强敌，兼管万里，体察关心平民百姓的疾苦。您要公开宣扬朝廷的教化，招抚和安置远近各族，严肃审慎地进行赏罚，以加深汉朝的福运，以对得起天下的黎民百姓。"章武二年，马超去世，享年四十七岁。他在弥留之际上书说："臣家宗族二百多口人，大概被曹孟德杀戮光了，只有堂弟马岱应该充当马氏孤弱宗族接续香火的人，我恳切地把他托付给陛下。其余没有什么再要说的了。"追谥马超为威侯，他的儿子马岱承继承了爵位。马岱官位做到平北将军，进爵陈仓侯。马超的女儿嫁给了安平王刘理。